Doris Doppler

Starke Webtexte

So texten Sie Ihre Website selbst

ISBN-10: 1479236098 | ISBN-13: 978-1479236091

Erschienen im Eigenverlag: Doris Doppler, Innsbruck

web: www.textshop.biz | www.ddoppler.com
mail: office@textshop.biz

Covergrafik: © radoma – fotolia.com

Printed in Germany by Amazon Distribution GmbH, Leipzig

INHALT

Den Besucher binden

Checklisten

Statt eines Vorworts …

Was Webnutzer wollen.

Ein Fischer bringt nur dann einen guten Fang nach Hause, wenn er „seine" Fische kennt: Wo halten sie sich am liebsten auf? Wie lassen sie sich am besten anlocken? Welche Köder finden sie unwiderstehlich?

Im Web ist es ähnlich.

Damit Sie möglichst viele Besucher auf Ihre Internetseite ziehen und zu Kunden machen, müssen Sie das Verhalten von Webnutzern kennen: Was suchen sie? Was erwarten sie sich? Wie nehmen sie Informationen auf?

Wenn Sie wissen, wie Ihre „virtuellen Fische" ticken, fällt Ihnen das Texten Ihrer Webseite viel leichter. Sie bauen Ihre Webtexte automatisch lesefreundlicher auf und liefern den Besuchern das, was sie sich wünschen – und das ist die beste Basis für Ihren Erfolg im Web.

Deshalb will ich Sie nicht mit abstrakter Theorie und endlosen Einleitungskapiteln langweilen, sondern Sie kurz mit der Spezies „Webuser" vertraut machen und dann gleich in die Schreibpraxis einsteigen.

INFOS

Leser wollen Informationen.

Jetzt denken Sie vielleicht: „Das ist doch nichts Neues." Dem halte ich entgegen: „Warum gibt es dann immer noch so viele Firmenseiten, die sich wie schlechte PR-Texte lesen?"

Zum Beispiel so:

Herzlich willkommen bei Fuchs Apparatebau.

Wir gehören zu den führenden Anbietern innovativer Lösungen und stellen die Zufriedenheit unserer Kunden stets an erste Stelle. Unsere Produkte und Services erfüllen höchste Qualitätsansprüche. Darüber hinaus entsprechen sie den individuellen Anforderungen unserer Kunden. Auf unseren Webseiten informieren wir Sie über unsere Leistungen.

Informationsgehalt dieser Startseite? Null.

Wird sich der Leser auf dieser Webpräsenz weiter umsehen? Wahrscheinlich nicht. Denn er erfährt weder, wo sich die Firma befindet noch was sie genau anbietet oder was sie von den Wettbewerbern unterscheidet. Und der User wird sich nicht die Mühe machen, diese kaufentscheidenden Infos aus dem restlichen Webtext herauszufiltern.

Was wird der Webbesucher tun? Er wird sich in den Google-Trefferlisten nach einem anderen Anbieter umsehen. Und zwar nach einer Firma, die sich bereits auf der Startseite kunden- und nutzenorientiert präsentiert und klar rüberbringt, wer sie ist, was sie macht und wo sie zu finden ist. Wie das geht, erfahren Sie in diesem Buch.

Leser scannen die Texte.

Was Sie außerdem beim Texten fürs Web beachten müssen: das Leseverhalten der Anwender.

Zunächst überfliegt der Webuser Ihre Seite und fällt in Sekundenschnelle ein Urteil: Finde ich hier das gesuchte Angebot? Kann mir der Anbieter helfen? Soll ich auf diesen Seiten weiterlesen?

Wenn ja, wird er nach genaueren Informationen suchen und dabei auch längere Texte durchlesen. Sie haben den Anwender quasi am Haken.

Wenn nein, verlässt er Ihre Seiten und sieht sich woanders um. Zum Beispiel dann, wenn Sie statt hilfreichen Informationen nur Marketingfloskeln präsentieren. Oder wenn Sie den Besucher mit einem endlosen Wortschwall ersticken.

Eines ist klar: Der Leser wird sich nicht tapfer durch Ihre Webtexte kämpfen auf der Suche nach verwertbaren Informationen. Er wird sofort zu Ihren Wettbewerbern wechseln, die nur den viel zitierten Mausklick entfernt sind.

Leser ermüden schneller.

Und noch eine Besonderheit des Mediums Internet: Das Lesen von Online-Texten ist anstrengender als das Lesen von Print-Texten. Der User starrt in eine Lichtquelle; die Auflösung der Buchstaben ist viel geringer als am Papier.

Das heißt: Der Anwender ermüdet schneller, ist unkonzentrierter und langsamer. Er will sich nicht mit komplizierten Inhalten auseinandersetzen (zumindest nicht im kommerziell-werblichen Bereich).

Darauf sollten Sie Rücksicht nehmen. Gestalten Sie Ihre Texte schnell und einfach erfassbar – und auch kürzer als Ihre Print-Texte.

FAZIT

Das Suchen und Lesen im Web ähnelt der Lektüre einer Zeitung: Der User scannt Ihre Webseite nach Info-Häppchen, die ihn interessieren und die ihn zum Weiterlesen anregen. Bieten Sie Ihren Webbesuchern daher leicht verdauliche Kost, attraktiv angeordnet und mit gesundem Informationsgehalt. Die Anleitung dazu liefert Ihnen dieses Buch.

SPEZIALTIPP

Möchten Sie mehr über Nutzerverhalten und Usability im Web erfahren? Dann schauen Sie mal auf die Webseite von Jakob Nielsen, einem der führenden Experten in Sachen Benutzerfreundlichkeit: www.useit.com.

ZITAT ZUM THEMA

„Mit wenigen Ausnahmen konsultieren Anwender das Web nicht wegen seiner Schönheit, sondern wegen seines Nutzwertes. Natürlich ist eine optisch ansprechende Site eine gute Sache. Was aber wirklich zählt, sind die Inhalte."

Nielsen, Jakob/Loranger, Hoa: Web Usability. München, 2008, S. 249.

Das macht Ihre Texte stark

Worum geht‘s

In den vergangenen Kapiteln haben Sie erfahren, wie sich Webnutzer verhalten und was sie von Ihrem Internetauftritt erwarten.

Das ist die erste Grundlage für starke Webtexte.

Die zweite Basis liegt in der Textgestaltung selbst. Hier kommt es darauf an, dass Sie gut schreiben – das heißt einfach, klar und bildhaft – und dass Ihre Texte zum Leseverhalten der Internetnutzer (und Suchmaschinen) passen: informativ, gut gegliedert und leicht zu scannen.

Die Grundlagen guter Texte

Kommen Sie auf den Punkt und mäandern Sie nicht herum.

Mit der deutschen Sprache hat es eine eigentümliche Bewandtnis: Sie gilt bei vielen erst dann als seriös und fundiert, wenn sie möglichst geschraubt daherkommt: mit langen Schachtelsätzen, raffinierten Einschüben, komplexen Satzkonstruktionen. Viele Experten und Unternehmen trauen sich gar nicht erst, sich verständlich auszudrücken.

Auf Ihrer Website müssen Sie aber so schreiben, dass der Leser Ihre Botschaft einfach und schnell erfasst. Er muss sich mit Ihren Inhalten beschäftigen, nicht mit Ihrer Satzarchitektur, mit schwerfälligen Wortungetümen oder exotischen Fremdwörtern. Sonst steigt er schneller aus, als Ihnen lieb ist.

Hier einige unverzichtbare Regeln für gute Texte:

TIPPS

Konkret.

Zeigen Sie dem Leser so deutlich wie möglich, was er von Ihrem Produkt zu erwarten hat. Konkretisieren Sie vage Aussagen, erklären Sie, was eine „maximale Ersparnis", eine „höhere Verfügbarkeit" oder eine „gesteigerte Effizienz" für den Kunden bedeuten.

Nennen Sie Zahlen, bringen Sie Vergleiche, führen Sie Fallbeispiele und Testimonials an. Schreiben Sie besser „48 Prozent" statt „fast 50 Prozent". So führen Sie dem Leser seinen Nutzen so deutlich wie möglich vor Augen. Und allein dadurch haben Sie Ihrer Konkurrenz einiges voraus.

Bildhaft.

Ein guter Text ist nicht nur leicht erfassbar, sondern erzeugt auch starke Bilder im Kopf des Lesers. Und zwar solche, die positive und verkaufsfördernde Gefühle auslösen. Übersetzen Sie also abstrakte Begriffe oder Fremdwörter in eine bildhafte Sprache.

Beispiel Paartherapie:

Welcher Webtext spricht Sie mehr an? Wo fühlen Sie sich eher verstanden? Welche Therapeuten werden Sie anrufen?

Mit Hilfe von Ansätzen aus Psychotherapie und Coaching kreieren unsere Therapeuten eine Beratungsatmosphäre, die die konstruktive Arbeit an Partnerschaftsproblemen sicherstellt und dieselben einer Lösung zuführt.

oder

Ihr Partner zieht sich in sein Schneckenhaus zurück? Sie zweifeln an Ihrer Beziehung? Ihr Eheleben ist grau in grau? Wir finden eine Lösung. Gemeinsam.

Aktiv.

„Es wird dafür gesorgt werden, dass die Lieferung so schnell wie möglich zu Ihnen gebracht wird." Ähm – was?

Träge und schwer verständlich – so lesen sich die meisten Passivkonstruktionen. Außerdem wirken sie distanziert und unpersönlich. Schreiben Sie also lieber „Wir liefern so schnell wie möglich". So kommen Sie dynamischer, motivierter und freundlicher rüber.

Kurz.

Der Leser versteht kurze Sätze – bis etwa 13 Wörter – besser und schneller. Trennen Sie deshalb lange Sätze in kurze Einheiten. Doch Vorsicht: Übertreiben Sie es nicht, denn eine Kette aus ultrakurzen Sätzen wirkt zu gehetzt.

Finden Sie die richtige Mischung für ein angenehmes Lesetempo. Sprechen Sie Ihre Sätze einfach mal laut vor sich hin und beobachten Sie, wie es um Verständlichkeit und Geschwindigkeit bestellt ist. Und fügen Sie – wenn nötig – zu kurze Sätze wieder zusammen.

Verständlich.

Der übermäßige Gebrauch von Fach- und Fremdwörtern zeugt nicht von Kompetenz, sondern von mangelnder Kundenorientierung. Errichten Sie deshalb keine unnötigen Barrieren zwischen sich und den Webbesuchern; texten Sie so, dass Sie nicht nur von Branchenexperten verstanden werden (und auch die freuen sich über leicht lesbaren Text).

Das heißt: Ersetzen Sie Fremdwörter so oft wie möglich durch den deutschen Ausdruck. Denn auch wenn viele Fremdwörter mittlerweile in den täglichen Sprachgebrauch eingegangen sind: Deutsche Wörter sind einfach verständlicher und erzeugen vor allem ein plastisches, erinnerbares Bild im Gehirn.

Ein paar Beispiele:

- Lage statt Situation
- untersuchen statt analysieren
- Werkzeuge statt Tools
- Aussichten statt Perspektiven
- einbauen statt installieren

Auch Abkürzungen machen Ihren Text schwerer verständlich – vor allem, wenn es sich um firmeninterne Kürzel handelt. Nicht jeder Arzt weiß zum Beispiel, dass es sich bei „PUV“ um eine „Praxisunterbrechungs-Versicherung“ handelt. Was in Ihrer Branche ein gängiges Kürzel ist, muss Ihrer Zielgruppe nicht unbedingt geläufig sein.

Dynamisch.

Vergleichen Sie mal:

Die Durchführbarkeit der Marktdaten-Erhebung ist in der jetzigen Situation nicht mit Sicherheit zu eruieren.

und

Derzeit ist es nicht sicher, ob wir die Marktdaten erheben können.

Die erste Variante klingt schwerfällig, getragen und unnötig aufgebläht. Die zweite Variante ist klar, dynamisch und schon beim ersten Durchlesen problemlos verständlich.

Vermeiden Sie daher Substantivierungen – also Nomen, die von Zeitwörtern abgeleitet sind und typischerweise auf folgende Silben enden:

-keit
-ung
-ion
-ät
-heit
-ismus

Dröseln Sie diese Hauptwörter auf, verwenden Sie stattdessen die entsprechenden Verben.

Aussagekräftig.

Was einem lebendigen Text außerdem nicht gut tut: „tote Verben". Das sind blasse, sperrige, ausdruckslose Zeitwörter, die Sie besser durch treffendere Ausdrücke ersetzen.

Zum Beispiel:

- sich befinden
- aufweisen
- erfolgen
- durchführen
- vornehmen
- unterziehen

Schreiben Sie zum Beispiel statt „Wir unterziehen die Proben einer Untersuchung" besser „Wir untersuchen die Proben". Oder statt „Die Sitzung erfolgte unter Ausschluss der Öffentlichkeit" besser „Die Öffentlichkeit war bei der Sitzung ausgeschlossen".

Selbstbewusst.

„Wir möchten Sie gerne über weitere Einzelheiten informieren." Warum so zaghaft?

Werden Sie ruhig direkter: „Wir informieren Sie gerne über weitere Einzelheiten." Das kommt doch gleich selbstbewusster und zielgerichteter rüber.

Also: Verbannen Sie Hilfsverben und die Möglichkeitsform (Konjunktiv) so weit wie möglich aus Ihrem Webtext. Warum? Diese Zeitwörter sind blutleer und erzeugen keine Bilder im Kopf Ihrer Leser. Sie blähen den Text unnötig auf und wirken alles andere als aktiv, stark und direkt.

Setzen Sie die folgenden Wörter nur wohldosiert ein:

- würden
- sollen
- wollen
- dürfen
- müssen
- möchten
- können

FAZIT

Gute Texte fallen (leider) nicht einfach vom Himmel. Aber das müssen sie auch nicht. Nehmen Sie sich Zeit, überarbeiten Sie Ihre Textentwürfe wieder und wieder. Überprüfen Sie sie Schritt für Schritt auf Wort- und Satzsünden, holen Sie sich Unterstützung von Kollegen und Mitarbeitern.

Und der große Vorteil von Webtexten ist ja, dass Sie sie jederzeit ändern können. Setzen Sie sich also nicht zu sehr unter Druck.

Schreiben fürs Web

Verdichten Sie Ihre Botschaften. Und bleiben Sie dabei sexy.

Das Internet ist ein schnelles Medium: Die Nutzer bewegen sich rasch von einer Seite zur anderen. Sie laden Dateien herunter, schreiben Kommentare, legen Lesezeichen an und lassen sich leicht ablenken: durch Buttons, Flash-Animationen, Links, Fotos und Videos.

Passen Sie Ihre Webtexte diesem Leseverhalten an. Signalisieren Sie Ihrem Webbesucher: „Hier finden Sie leicht lesbare, kurze Texte mit den nötigen Infos. Wir machen es Ihnen so einfach wie möglich und stehlen Ihnen keine wertvolle Zeit." Dann wird der Leser auf Ihrer Webpräsenz bleiben, sich interessiert von Seite zu Seite durchklicken und Sie als kompetenten und kundenorientierten Anbieter wahrnehmen.

Hier einige Empfehlungen dazu:

TIPPS

Das Wichtigste zuerst.

Texten fürs Web ist wie Texten für die Zeitung. Hier wie dort werden die Texte nur angelesen; der Nutzer entscheidet anhand der Überschrift und der ersten Sätze, ob sich die weitere Lektüre lohnt. Bringen Sie also in Ihren Webtexten das Wichtigste zuerst, vermitteln Sie gleich zu Beginn Ihre Botschaft, arbeiten Sie modulartig.

Das heißt:

Formulieren Sie Überschriften, die die zentralen Informationen beinhalten und zum Weiterlesen anregen. Die idealen Headlines sind kurz, leicht verständlich, frei von Wortspielereien und Mehrdeutigkeiten, schnell erfassbar und präsentieren die Schlüsselwörter des Themas gleich zu Beginn – so lassen sie sich gut scannen. Achten Sie darauf, dass die Überschrift selbsterklärend ist – viele User gelangen direkt auf Ihre Unterseiten und müssen sofort erkennen, worum es bei Ihnen geht.

Beantworten Sie in den ersten Sätzen des Fließtextes bzw. im Lead die wichtigsten W-Fragen „wer“ und „was“, eventuell ergänzt um „wie“ und „warum“. So erhält der Leser die zentralen Infos und kann entscheiden, ob er tiefer in das Thema einsteigt oder nicht.

Führen Sie die weiteren Einzelheiten im restlichen Text an („Trichterprinzip“). Je weiter unten die Infos stehen, umso unbedeutender sind sie – der Leser verpasst nichts Wesentliches.

Gliedern.

Sie erinnern sich: Wer im Web surft, scannt die Texte. Und das fällt am leichtesten, wenn der Text in Häppchenform präsentiert, also gut strukturiert und unterteilt wird.

Beispielsweise durch

- Aufzählungen
- Hervorhebungen
- kurze Zeilen
- kurze Absätze mit je einer Aussage
- Links
- Zwischenüberschriften
- Tabellen

Denken Sie also auch grafisch, beachten Sie die optische Leserfreundlichkeit: Sie müssen nicht jeden Satz ausformulieren; es genügen oft Stichworte, die sich rasch überfliegen lassen und dem Leser alles Wissenswerte mitteilen. Verlinken Sie einfach auf detailliertere Hintergrundinfos oder bieten Sie sie zum Download an.

Beispiel: Was ist leichter lesbar?

Variante 1:

Es muss nicht immer ein neues Transportsystem sein. Wir modernisieren auch Ihre bestehende Materialseilbahn und holen das Maximum aus Ihrer

Anlage – mit minimalem Aufwand. Viele unserer Kunden berichten, dass sie auf diese Weise ihre Förderleistung erhöhen konnten. Außerdem können Sie eine sanierte Seilbahn länger nutzen und profitieren von verringerten Betriebskosten. Darüber hinaus steigern Sie die Energie-Effizienz und setzen Ihre Anlage umweltschonend ein.

oder Variante 2:

Es muss nicht immer ein neues Transportsystem sein. Wir modernisieren auch Ihre bestehende Materialseilbahn und holen das Maximum aus Ihrer Anlage – mit minimalem Aufwand.

Das heißt für Sie:

- *Sie erhöhen Ihre Förderleistung.*
- *Sie verlängern die Nutzungsdauer.*
- *Sie senken Ihre Betriebskosten.*
- *Sie sparen Energie.*
- *Sie schonen die Umwelt.*

„Sie" statt „wir".

„Wir gehören zu den europäischen Marktführern." – „Wir sind stolz auf unsere 150-jährige Firmengeschichte." – „Wir revolutionieren Trenn- und Schleifanlagen."

Merken Sie was?

Obwohl sich die erwähnten Errungenschaften letztlich positiv auf den Kunden auswirken, bleibt dieser außen vor. Im Vordergrund steht das Unternehmen und seine Leistungen – und wenn sich diese Selbstbeweihräucherung durch den ganzen Webtext zieht, wird der Leser früher oder später abschalten. Schlimmer noch: Er wird sich überflüssig und unhöflich behandelt vorkommen.

Ersetzen Sie deshalb Ihre „Ich"- und „Wir"-Botschaften so oft wie möglich durch „Sie"-Formulierungen. Stellen Sie den Leser, seine Wünsche und seinen Nutzen in den Vordergrund. So fühlt sich der Leser in seinen Bedürfnissen erkannt, respektvoll behandelt und hört Ihnen zu, sprich liest Ihren Webtext. Und wird dadurch auch offener für Ihre Verkaufsbotschaft.

Zum Beispiel statt: „Wir sind stolz auf unsere umfassende Produktpalette im Bereich Gartengeräte." besser: „Bei uns finden Sie alles, was Sie für Ihre Gartenarbeit brauchen."

Emotional und informativ.

Die User suchen im Web nach verwertbaren Informationen und fühlen sich von hohlen Werbephrasen abgestoßen.

Aber was heißt das für Ihre Webseite? Sollen hier harte Fakten, Produktinfos und objektiv verfasste Fallstudien dominieren? Doch was ist mit Werbetext, der den Leser neugierig macht, Gefühle auslöst und die Kaufentscheidung erleichtert?

Es braucht es beides: informativen und emotionalisierenden Webtext.

Die objektiven Infos

- bringen mehr Besucher auf Ihre Seite.
- verbessern Ihr Ranking bei Google.
- halten die Leser länger auf Ihrer Internetseite.
- unterstützen die Kaufentscheidung der Besucher.
- machen Sie glaubwürdig und bauen Vertrauen auf.

Die emotionalisierenden Texte

- sprechen die Kaufmotive der Leser an.
- bauen Widerstände ab.
- verstärken die rationalen Kaufargumente.
- bringen den Leser zum Handeln.

FAZIT

Das Internet ist ein Medium mit eigenen Gesetzen. Kopieren Sie nicht einfach Ihre Broschürentexte oder Verkaufsunterlagen in Ihre Website, sondern passen Sie die Texte dem Internet an. Ein Leser erkennt auf den ersten Blick, ob Sie ihm nützliche Infos auf eine leicht verständliche Weise präsentieren. Machen Sie Ihre Inhalte schnell und einfach erfassbar – so hält sich der Webbesucher gerne auf Ihren Seiten auf.

ZITAT ZUM THEMA

„Sie müssen Ihre Inhalte kurz, knackig und unterhaltsam präsentieren, um auf Ihren Leser eine Wirkung auszuüben. […] Nichts langweilt mehr als Textwüsten ohne Struktur und ohne Pfiff.“

Kilian, Thomas: Der Igel-Faktor. Erfolgreiche Neukunden-Gewinnung im Internet. Göttingen, 2009, S. 233.

Für Google optimieren

Machen Sie sich auch für Google attraktiv.

Erfüllen Sie nicht nur die Erwartungen Ihrer menschlichen Leser. Auch Google, Yahoo & Co sind nur dann von Ihrer Webseite angetan, wenn Sie leckeres Futter bieten. Trifft es den Geschmack der Suchmaschinen, klettert Ihre Webseite in den Trefferlisten stetig nach oben. Damit das klappt, sollten Sie die Grundlagen der Suchmaschinen-Optimierung (Search Engine Optimization – SEO) beherzigen.

Eines gleich vorweg: SEO ist ein weites Feld. Es gibt unzählige Schrauben, an denen Sie drehen können: Keywords, Sitemaps, Backlinks und vieles mehr. Wie wichtig diese Schrauben sind – darüber streiten sich die SEO-Experten oft und gerne. Dazu kommt, dass die Suchmaschinen ihre Meinung darüber, was zählt und was nicht, immer wieder ändern, sprich, ihren Suchalgorithmus verfeinern.

Was aber immer wichtiger wird: originäre (das heißt, eigens für Ihre Webseite erstellte) Inhalte, regelmäßig aktualisiert, mit nützlichen Infos für den Leser. Denn Google sieht es am liebsten, wenn die Webuser einzigartige, brauchbare Inhalte vorfinden und belohnt die entsprechenden Webseiten mit guten Rankings.

Wenn Sie die grundlegenden Regeln der Onpage-Optimierung (das ist die Optimierung der eigenen Webseite) beachten, schaffen Sie eine gute Basis für die stetige Verbesserung Ihres Suchmaschinen-Rankings:

TIPPS

Originäre Inhalte bieten.

„Unique Content“ – also Text, der nur auf Ihrer Webseite und nirgendwo sonst im Netz zu finden ist – ist das Um und Auf. Was heißt das? Verwenden Sie zum Beispiel für Ihre Produktseiten nicht die vorgefertigten Beschreibungen der Hersteller, sondern schreiben Sie diese um. Und zwar ausreichend – formulieren Sie nicht nur die Sätze neu, sondern fügen Sie weitere Inhalte, neue Gesichtspunkte, interessanten Mehrwert hinzu. Und achten Sie ebenso auf fehlerfreie Texte, auf Verständlichkeit und Lesefreundlichkeit.

Außerdem sollten Ihre Texte relevant sein. Das heißt: Bieten Sie Ihren Besuchern (und Google) die gesuchten Infos und enttäuschen Sie sie nicht mit diffusem Marketingdeutsch oder inhaltsleeren Texten mit übertrieben vielen Keywords. Denn in den Augen von Google sind die informativsten Webtexte am wertvollsten für die Nutzer – und das wird mit einem guten Ranking honoriert.

Keywords einbauen.

Wer nach „Bäckerei Linz" googelt, wird Ihre Seite nur dann entdecken, wenn Sie „Bäckerei" und „Linz" als Keywords verwenden und in Ihren Webtext einbauen. Wie soll den Google sonst wissen, dass Sie für all jene Nutzer relevant sind, die eine Linzer Bäckerei suchen?

Ich weiß, das klingt banal. Aber oft werden im Eifer des Gefechts – sprich im Stress des Webprojektes – die einfachsten Dinge übersehen. Das gilt auch für die Analyse und den Einsatz von Keywords.

Gehen Sie deshalb systematisch vor:

- Überlegen Sie zunächst, unter welchen Suchbegriffen Sie gefunden werden wollen. Welche Begriffe und Wortgruppen beschreiben Ihr Angebot am besten? Welche Keywords nutzen Sie selbst bei der Suche nach ähnlichen Produkten und Dienstleistungen? Ist es sinnvoll, Ihre Seiten auf eine bestimmte Region hin zu optimieren – zum Beispiel auf „Zahnarzt Berlin Mitte" oder „Weingut Nordburgenland"? Fragen Sie auch Freunde und Kollegen, welche Suchwörter sie verwenden würden.

- Analysieren Sie nun diese Keyword-Liste und finden Sie heraus, welche Suchbegriffe wie oft verwendet werden. Denn nur Begriffe, die auch tatsächlich von Usern gesucht werden, sind sinnvoll. Nutzen Sie dazu Werkzeuge wie das Keyword Tool von Google.

- Vergessen Sie auch nicht sinnverwandte Ausdrücke und berücksichtigen Sie unterschiedliche Schreibweisen.

- Werfen Sie einen Blick in die Meta-Angaben Ihrer (gut gerankten) Konkurrenten und schauen Sie, welche Keywords diese genutzt haben.

- Aus den Ergebnissen dieser Analysen (die in diesem Buch leider nicht ausführlich behandelt werden können) gewinnen Sie jene Keywords, für die Sie Ihre Webpräsenz optimieren.

- Wie oft sollten Sie ein bestimmtes Keyword pro Seite verwenden? Als optimal gilt eine Keyword-Dichte von maximal vier Prozent. Sprich, in 100 Wörtern Webtext sollte Ihr Keyword ca. viermal vorkommen. Wenn Sie hier übers Ziel hinausschießen, straft Sie Google womöglich ab – und auch Ihre Leser haben mit „Keyword Stuffing" keine Freude.

- Wo platzieren Sie Ihre Schlüsselwörter? Am besten am Anfang, in der Mitte und am Schluss eines Textes und ebenso in den Überschriften. So zeigen Sie den Suchmaschinen deutlich, wo die thematischen Schwerpunkte Ihres Textes liegen.

- Das Ranking von Unterseiten verbessern Sie durch interne Verlinkung – zum Beispiel, indem Sie in Ihrem Startseiten-Text auf wichtige Unterseiten verweisen. Und auch bei diesen internen Links sollten Sie Keywords verwenden.

Ein Beispiel:

statt: *Informieren Sie sich hier über unser Angebot.*

besser: *Informieren Sie sich über unsere Gartenprodukte.*

- Wo sollten Sie Ihre Keywords sonst noch unterbringen? Wichtig sind vor allem Seitentitel und Beschreibung (beide werden in den Suchergebnissen angezeigt und müssen auch für den Leser attraktiv sein) sowie die Seiten-URL. Auch als Listenelement oder in Fettschrift formatierter Begriff erhalten Keywords mehr Relevanz. Nicht vergessen: Lassen Sie Ihre Keywords auch in die Dateinamen und Titel von Fotos und Grafiken einfließen.

Beispiel Seitentitel:

Bezeichnen Sie Ihre Startseite nicht einfach als „Home“, sondern bringen Sie hier Ihre wichtigsten Keywords unter: „Wäscherei und Textilreinigung Dimbacher, Kufstein“. So erkennen Suchmaschinen und Leser auf den ersten Blick, ob Sie das Gesuchte bieten.

Beispiel Beschreibung:

Immer wieder spuckt Google solch nichtssagende Beschreibungen in den Suchergebnissen aus: „Willkommen auf unserer Homepage. Hier stellen wir Ihnen unser Angebot vor. Unternehmen, Wir über uns, Kontakt, Telefonnummer, Webdesign by Wilfriede Schmitz …“

Machen Sie's besser. Nutzen Sie die Beschreibung für eine aussagekräftige, knackige und SEO-optimierte Darstellung Ihres Unternehmens. Vergessen Sie nicht: Die Beschreibung ist das, was der Google-Anwender in den Suchergebnissen zu sehen bekommt – das ist Ihre Chance, sich gut zu verkaufen! Etwa so:

„Das Weingut Oberperlacher in Spitz/Wachau ist bekannt für seine vielfach ausgezeichneten Qualitätsweine: Riesling, Grüner Veltliner, Muskateller. Bestellen Sie unsere Weine online.“

FAZIT

Webseiten kommen nicht von selbst auf die vorderen Plätze der Google-Trefferlisten. Sie müssen Ihren Webtext so gestalten, dass Google anbeißt und Ihre Internetpräsenz als relevant und nützlich für die Leser einstuft. Nur dann kommen die begehrten Top-Positionen in Reichweite.

Sie kennen jetzt erste wichtige Hebel für die textliche Onpage-Optimierung – doch wie gesagt: SEO ist ein weites Feld und es lohnt sich, tiefer in die Materie einzusteigen. Sei es, indem Sie einen SEO-Experten beauftragen, sei es, indem Sie sich selbst in Sachen Suchmaschinen-Optimierung weiterbilden.

SPEZIALTIPP

Mit diesen Quellen können Sie Ihr Basiswissen weiter ausbauen – kostenlos:

- SEO-Handbuch: www.seo-handbuch.de

- SEO-Tricks: www.seo-tricks.net

- Google: Einführung in Suchmaschinenoptimierung (PDF)

Das macht Ihre Texte noch stärker

Worum geht's

Wie Sie Ihre Texte formulieren und gliedern, ist nur die halbe Miete. Genauso wichtig ist, *was* Sie schreiben.

Ich habe vier Hebel für Sie zusammengestellt, die ihre Texte wirksamer machen und Ihnen einen Vorsprung gegenüber der Konkurrenz verschaffen: Wenn Sie Ihren Produktnutzen sorgfältig herausarbeiten, die Kaufmotive Ihrer Leser ansprechen, sich glaubwürdig machen und den User zum Handeln auffordern, haben Sie Ihren Wettbewerbern viel voraus …

Nutzen bieten

„… und was bringt mir das?"

Wer Ihre Website besucht, sucht in erster Linie nach Informationen: Wer kann mir die passende Fräsmaschine liefern? Welcher Paartherapeut praktiziert in meiner Heimatstadt? Worauf muss ich bei den Druckdaten für meinen Flyer achten?

Wenn der User auf Ihrer Seite landet, will er diese Fragen beantwortet haben. Er sucht also nach den Merkmalen und Eigenschaften Ihres Angebotes, er will wissen, wie Ihre Produkte funktionieren und was sie leisten.

Aber das ist noch nicht alles.

Der Leser will ebenso wissen, was Ihre Produkte und Dienstleistungen für ihn tun können: wie sie seinen Erfolg steigern, seine Lebensqualität erhöhen, wie sie ihn wohlhabender, gesünder, schöner machen oder ihm ganz einfach Zeit und Geld sparen.

Kurz: Der Webbesucher will wissen, was er von Ihrem Angebot hat.

Diese Leserfrage „Was ist für mich dabei drin?" müssen Sie mit Ihrem Webtext beantworten. Listen Sie daher nicht einfach nur die Produktmerkmale auf, sondern führen Sie auch Vorteile und Nutzen an. Machen Sie dem Leser klar, was ihm die verbesserte Computerleistung, das Coaching-Wochenende für Freiberufler oder das neue Buch für Profiblogger konkret bringen.

Und wie kommen Sie vom Produktmerkmal zum Kundennutzen? Indem Sie mit dem Dreischritt Merkmal – Vorteil – Kundennutzen arbeiten:

Merkmal.

Gewicht, Größe, Geschmacksrichtung, Farbe, Leistungsdaten – das sind Eigenschaften, mit denen Sie Ihr Erzeugnis beschreiben. Es handelt sich dabei um objektive Informationen und wertfreie Aussagen wie „Die Schokolade enthält 45 Prozent Kakao" oder „Designerstuhl „Felix" wird in den Farben beige, mokka und orange geliefert". Diese Aussagen nimmt der Kunde neutral auf; ihre Überzeugungskraft ist daher recht gering.

Ein Beispiel:

Die Österreichischen Bundesbahnen wollen ihr Angebot ausbauen und teilen mit: „Wir setzen täglich vier zusätzliche Schnellverbindungen zwischen Wien und Bregenz ein." – Diese Züge sind damit ein Leistungsmerkmal der ÖBB.

Vorteil.

Arbeiten Sie nun die Vorteile der Produktmerkmale heraus. Es geht hier um die praktische Umsetzung der Produkteigenschaft; das Ergebnis ist ein allgemeiner, unspezifischer Vorteil. Die meisten Werbebotschaften verwenden solche Vorteilsargumentationen – allerdings wird dabei der einzelne Kunde mit seinen individuellen Bedürfnissen noch nicht berücksichtigt.

Bei unserem Bahn-Beispiel würde die Botschaft etwa lauten: „Jetzt können Sie aus noch mehr Verbindungen wählen." Was das aber dem einzelnen Bahnreisenden im Endeffekt bringt, bleibt offen.

Nutzen.

In diesem letzten Schritt wird die Frage geklärt, welcher individuelle Kundennutzen entsteht: „... das bedeutet für Sie, dass ...". Erst hier wird der einzelne Kunde (bzw. ein bestimmtes Zielgruppensegment) angesprochen, erst hier geht es um die Frage, inwieweit ein Produktmerkmal die ganz persönlichen Bedürfnisse befriedigt.

Beispiel ÖBB: Die Tatsache, dass der Bahnkunde jetzt aus mehr Schnellverbindungen wählen kann (Produktvorteil) bringt unterschiedlichen Kundennutzen:

Der Geschäftsreisende kommt pünktlich zu seinen Terminen und hat weniger unproduktiven Leerlauf („Mit unseren zusätzlichen Schnellverbindungen nutzen Sie Ihre Zeit noch produktiver").

Der Pendler ist in der Früh weniger gestresst und kann am Abend mehr Zeit mit seiner Familie verbringen („Für mehr Feierabend").

Der Urlaubsreisende kann eine angenehme Bahnfahrt in einem komfortablen Zug genießen, der nicht überfüllt ist („Damit Sie entspannt urlauben können").

FAZIT

Machen Sie nicht bei den Produkteigenschaften halt. Gehen Sie noch zwei Schritte weiter und arbeiten Sie sich über die Vorteile zum Nutzen vor. So schaffen Sie ein einprägsames Bild im Kopf des Lesers und verstärken den Kaufanreiz. Der einzelne Kunde steht jetzt im Mittelpunkt, die Kaufwahrscheinlichkeit ist hier am größten.

Allerdings ist dieser Nutzen nicht immer leicht zu entdecken und zu vermitteln. Zögern Sie nicht, Ihre bestehenden Kunden zu fragen, was sie am meisten an Ihren Produkten schätzen und von welchen Produkteigenschaften sie am meisten profitieren.

Dieser Aufwand zahlt sich übrigens mehrfach aus: Die Erkenntnisse, die Sie hier gewinnen, können Sie auch in alle anderen Werbemittel einfließen lassen – von der Broschüre bis zum Mailing.

SPEZIALTIPP

Den Nutzen richtig formulieren.

Rechnen Sie nicht damit, dass der Kunde automatisch von der Produkteigenschaft auf seinen persönlichen Nutzen schließt. Diese Übersetzungsarbeit müssen Sie leisten, denn das Gehirn des Kunden ist träge.

Mit den folgenden Formulierungen verbinden Sie die Produktmerkmale mit dem Kundennutzen und wechseln von der „Wir"- zur „Sie"-Perspektive:

- Das heißt für Sie …
- So sparen Sie …

- Dadurch können Sie …
- Das bringt Ihnen …
- So vermeiden Sie …
- Dadurch erhalten Sie …
- Damit erhöhen Sie …
- Auf diese Weise senken Sie …
- So verbessern Sie …
- So können Sie ganz einfach …
- Das hilft Ihnen bei …

Kaufmotive ansprechen

Sprechen Sie die Wünsche, Träume und Sehnsüchte der Leser an.

Eng mit dem Kundennutzen verbunden sind die Motive, die Ihre Leser zum Kauf anregen. Diese Motive sind dem Kunden mehr oder weniger bewusst; sie lenken seine Kaufentscheidungen. Die Kunst ist nun, die Kaufmotive Ihrer Zielgruppe zu erkennen und sie mit den richtigen Inhalten und Formulierungen anzusprechen.

Das heißt also: Geben Sie den Webbesuchern gute Gründe, Ihr Produkt zu kaufen und orientieren Sie sich dabei an den wesentlichen Kaufmotiven:

TIPPS

Sicherheit.

Menschen wollen sich sicher fühlen – ob hinsichtlich Altersvorsorge, Geldanlage, Familie oder Eigentum. Dieses Sicherheitsbedürfnis befriedigen Sie beispielsweise mit Garantien: „Bei dieser Halogenlampe garantieren Ihnen eine Lebensdauer von mindestens fünf Jahren." Oder mit Formulierungen wie „Sie können darauf vertrauen, dass …"

Ansehen.

Vielen Leuten sind Prestige, Status und gesellschaftliche Anerkennung sehr wichtig. Sie geben gerne Geld für das Gefühl aus, etwas Besonderes zu sein – zum Beispiel das neueste Modell von Mercedes zu fahren. Hier eignen sich Wendungen wie „Ihre Kollegen werden Sie beneiden" oder „Sie als erfahrener Arzt …".

Neugier.

Der Mensch sucht ständig nach Neuem und nach Abwechslung – durch neue Produkte, neue Erfahrungen oder neue Erlebnisse.

Nicht umsonst gehört das Wort „neu“ zu den wichtigsten Zauberwörtern der Werbesprache. Es verspricht Stimulation und das erhebende Gefühl, als einer der ersten ein bestimmtes Produkt zu verwenden. Im Text sprechen Sie dieses Bedürfnis etwa so an: „Freuen Sie sich auf eine ganz neue Erfahrung“ oder „Probieren Sie unsere neue Kräuterseife gleich aus. Sie werden überrascht sein.“

Gewinn.

Auch das Gefühl, ein Schnäppchen zu machen, wirkt stimulierend. Argumentieren Sie deshalb mit finanziellen Vorteilen: „Bestellen Sie noch heute und sparen Sie sich die Bearbeitungsgebühr“ oder „Jeden Montag: Minus zehn Prozent auf alle Werkzeuge“.

Gesundheit.

Körperliches Wohlbefinden, Fitness, Leistungsfähigkeit – wichtige Säulen der Lebensqualität. Mit Wörtern wie bio, vital, natürlich oder Wohlbefinden unterstreichen Sie den gesundheitlichen Aspekt Ihrer Produkte.

Selbstverwirklichung.

Die eigenen Talente entfalten und ein erfülltes Leben führen sind in unserer Gesellschaft wichtige Themen. Dazu gehört auch, sich als Individuum von anderen abzugrenzen und eigene Wege zu gehen. Indem Sie maßgeschneiderte Leistungen anbieten und der Zielgruppe das Gefühl geben, anders als die anderen zu sein, sprechen Sie das Bedürfnis nach Selbstverwirklichung an.

Bequemlichkeit.

Die meisten Menschen handeln nach dem Motto: mit möglichst wenig Aufwand ein möglichst gutes Ergebnis erzielen. Das Argument der Zeitersparnis lässt sich daher meistens recht erfolgreich einsetzen: „Erledigen Sie Ihre Bankgeschäfte ganz bequem vom Sofa aus.“ – „Wir schulen Ihre Mitarbeiter direkt in Ihrem Unternehmen. So sparen Sie Zeit und Geld.“

Geselligkeit.

Der Mensch ist gerne mit anderen zusammen, tauscht sich mit ihnen aus und verlebt gerne gesellige Stunden. Er fühlt sich gerne einer Gemeinschaft zugehörig – etwa beim Club-Urlaub oder beim Harley-Davidson-Treffen. Appellieren Sie deshalb ruhig an dieses soziale Grundbedürfnis: „Erfolgreich abnehmen mit Gleichgesinnten." – „Seien Sie dabei und treffen Sie erfolgreiche Börsianer beim gemütlichen Kamingespräch von Börse Aktuell."

FAZIT

Sprechen Sie bei Ihrer Nutzenargumentation die menschlichen Bedürfnisse an. Nähern Sie sich Ihren Lesern auf der emotionalen Ebene und erleichtern Sie ihnen die Kaufentscheidung. Machen Sie ihnen klar, dass Ihr Produkt genau ihren wichtigsten Kaufmotiven entspricht. Dazu müssen Sie allerdings die Kaufmotive Ihrer Zielgruppe kennen; Sie müssen wissen, warum Ihr Produkt eigentlich gekauft wird.

ZITAT ZUM THEMA

„Werbung, die sich auf ein einziges, klares Kaufmotiv bezieht, ist eindeutiger, einprägsamer und wirkt nachhaltiger als Werbung, die allen alles verspricht."

Monzel, Monika: 99 Tipps für erfolgreiche Werbung. Berlin, 2006, S. 41.

Glaubwürdigkeit vermitteln

Sorgen Sie dafür, dass Ihnen die Webbesucher vertrauen.

Glaubwürdigkeit zu vermitteln ist im Internet wahrscheinlich wichtiger als bei allen anderen Werbemitteln: Jeder kann schnell und praktisch kostenlos eine Webseite online stellen oder – mit den entsprechenden Kenntnissen – einen Shop aufsetzen. Ein Impressum ist leicht gefälscht, eine Adresse ebenso und schon können Kunden, die per Vorauskasse bezahlt haben, abgezockt werden. Solche und ähnliche Meldungen geistern immer wieder durch die Medien.

Machen Sie sich deshalb so glaubwürdig wie möglich, präsentieren Sie sich als ernst zu nehmender und etablierter Geschäftspartner. Das beginnt beim Webdesign und endet beim Text.

Sorgen Sie dafür, dass Ihnen die Leser ausreichend vertrauen, um Sie zu kontaktieren oder online zu bestellen. Denn eines ist klar: Bloße Werbeversprechen haben schon längst ihre Verkaufswirkung verloren – plakative Reklame nimmt niemand mehr ernst, schon gar nicht im Web.

Gefragt sind Echtheit und Verlässlichkeit. Die Leser wollen eine überzeugende Antwort auf die Frage, warum sie ausgerechnet bei Ihnen kaufen sollen. Diese Frage sollten Sie so ausführlich wie möglich beantworten.

Hier einige Empfehlungen:

TIPPS

Kundenstimmen.

Erfolgsgeschichten, Referenzen, Testimonials – die positive Meinung von überzeugten Kunden hat eine starke Wirkung auf unschlüssige Interessenten. Führen Sie deshalb glaubwürdige Quellen an, die Ihre Erzeugnisse oder Ihre Arbeitsweise loben.

Zertifizierungen.

Objektive Testergebnisse, die Resultate von staatlichen Prüfstellen oder die Meinung von unabhängigen Experten – das unbestechliche Urteil von neutralen Dritten wird nach wie vor hoch geschätzt. Lassen Sie daher zum Beispiel Ihren Webshop von Trusted Shops zertifizieren oder führen Sie erhaltene Gütesiegel an.

Auszeichnungen.

Ihr Unternehmen wurde von einem führenden Branchenmagazin empfohlen? Ihr Hotel wurde für seine ökologische Bauweise ausgezeichnet? Sie wurden schon zum dritten Mal zum „besten Metzger der Steiermark" gewählt? Zeigen Sie auf Ihrer Webseite, wie gut Sie sich im direkten Leistungsvergleich schlagen und teilen Sie diese Erfolge mit Ihren Lesern.

Veröffentlichungen.

Sie arbeiten als Steuerberater und publizieren regelmäßig in Fachzeitschriften? Sie haben ein Buch geschrieben oder geben einen Sammelband heraus? Sehr gut. Damit beweisen Sie, dass Sie kommunizieren können und präsentieren sich als vertrauenswürdiger Experte. Weisen Sie deshalb auf Ihren Internetseiten auf diese Veröffentlichungen hin.

Presse.

Medienbeiträge, die sich um Ihr Unternehmen drehen, Interviews in Fachmagazinen, Mitschnitte von Radio-Interviews – auch hier finden sich geeignete Inhalte für Ihre Webseite.

Lehrtätigkeiten.

Sie sind ein gefragter Redner bei Branchenveranstaltungen? Sie halten regelmäßig Vorträge in der Handelskammer? Sie haben einen Lehrauftrag an der Uni? Auch damit untermauern Sie Ihren Expertenstatus.

Tradition.

Auch eine lange Unternehmensgeschichte signalisiert Verlässlichkeit und Handschlagqualität. Denn wer sich bereits 100 Jahre und länger am Markt behauptet, beweist unternehmerisches und fachliches Können. Und das schafft Vertrauen.

Kontaktdaten.

Banal, aber wirkungsvoll: Beweisen Sie, dass Sie ein „echtes" Unternehmen sind und führen Sie detaillierte Kontaktdaten an. Die Impressumspflicht schreibt zwar ohnehin ausführliche Firmeninformationen vor – Sie können aber noch mehr tun: Verstecken Sie sich nicht hinter kostenlosen Email-Adressen von Yahoo oder GMX. Geben Sie eine Telefonnummer an. Und auch eine physikalische Postadresse, nicht nur ein Postfach.

Foto.

Zeigen Sie mit einem professionellen Foto, dass es Sie wirklich gibt und dass Sie eine vertrauenswürdige Person sind. Bilder haben eine starke Wirkung – positiv wie negativ. Investieren Sie daher in einen guten Portraitfotografen, der Sie auch hinsichtlich der Wahl Ihres Outfits berät.

Mitgliedschaften.

Sind Sie in branchenrelevante Organisationen, Netzwerke oder Institutionen eingebunden? Auch solche Mitgliedschaften können ein wichtiger Beweis Ihrer Professionalität sein – die Vertrauenswürdigkeit dieser Institutionen färbt positiv auf Sie ab.

Aktualität.

Kümmern Sie sich um Ihre Webseite und lassen Sie sie nicht jahrelang vor sich hinrosten. Pflegen Sie die Inhalte, bringen Sie sie auf den neuesten Stand und signalisieren Sie den Webbesuchern, dass Sie ein aktives und erfolgreiches Unternehmen sind, das seine Referenzen, Kundenlisten, Pressemeldungen usw. regelmäßig aktualisiert.

Fehlerlosigkeit.

Verquere Rechtschreibung, grammatikalische Patzer, tote Links – all dies macht einen schlechten Eindruck. Viele Leser schließen von solchen Fehlern auf ein ebenso schlampiges Geschäftsgebaren. Lassen Sie Ihre Webtexte lektorieren – es lohnt sich.

FAZIT

Das Internet ist ein Medium, in dem Sie sich ganz besonders um Glaubwürdigkeit bemühen müssen – Sie bekommen hier keinen Vertrauensbonus. Zeigen Sie, dass Sie und Ihr Unternehmen von Dritten anerkannt und geschätzt werden – von Kunden, von Prüfstellen, von der Presse. Gestalten Sie Ihre Webseite so professionell und makellos wie möglich und achten Sie dabei auch auf Kleinigkeiten, die in Ihren Augen vielleicht banal sein mögen, aber auf einen Websurfer eine starke Wirkung haben.

SPEZIALTIPP

Das Stanford University Persuasive Technology Lab hat in einer dreijährigen Studie untersucht, welche Faktoren eine Webseite in den Augen ihrer Besucher glaubwürdig machen. Die Ergebnisse – die 10 „Stanford Guidelines for Web Credibility" – sind zwar nicht mehr taufrisch (sie stammen aus dem Jahr 2002), bieten aber auch heute noch eine gute Orientierung.

Abzurufen unter

credibility.stanford.edu/guidelines/index.html.

ZITAT ZUM THEMA

„Die Geisteshaltung, die viele neue Besucher auf Ihrer Website haben, lässt sich wahrscheinlich in einem Wort zusammenfassen: ungläubig. Wer sind

Sie? Warum sollten sie Ihnen glauben? Werden Sie Ihre Versprechungen halten? Wollen Sie sie über den Tisch ziehen?"

Goodman, Andrew: Google AdWords. Erreichen Sie Millionen gezielter neuer Kundenkontakte. Berlin, 2010, S. 404.

Zum Handeln auffordern

Sagen Sie dem Leser, was er tun soll.

Mit Ihrer Website verfolgen Sie ein klares Ziel: Der Leser soll Sie anrufen, Ihnen schreiben, Infomaterial anfordern, Waren bestellen oder sich in die Mailing-Liste eintragen. Zu diesem Zweck präsentieren Sie sich als glaubwürdig und professionell, zeigen den Nutzen Ihres Angebots und beseitigen unausgesprochene Zweifel.

Aber das reicht noch nicht.

Sie müssen den Leser zum Handeln auffordern, ihm sagen, was er jetzt tun soll und wie er am besten dabei vorgeht. Nur mit einem klaren Call to Action hieven Sie den Verkaufsprozess auf die nächste Ebene und bringen Ihren virtuellen Besucher dazu, sich bei Ihnen zu melden.

Warum braucht es diese Handlungsaufforderung?

Viele Menschen sind träge und verschieben eine Kontaktaufnahme erst einmal – auch wenn sie von Ihrem Angebot wirklich überzeugt sind. Oder sie rufen vorher schnell noch ihre Mails ab. Oder sie erhalten einen Anruf über Skype – und schon haben sie Ihre Webseite vergessen. Besonders im Internet lauern Ablenkungen an jeder Ecke. Es gibt immer wichtigere, dringendere Dinge als Ihr Angebot.

Anderen Usern ist wirklich nicht klar, was sie jetzt tun sollen und wie es weitergeht. Manche befürchten vielleicht, dass Sie Ihnen einen aufdringlichen Vertreter ins Haus schicken, wenn sie bei Ihnen anrufen. Andere möchten zwar gleich online bestellen, sind sich aber bezüglich des Rückgaberechts unsicher – und ordern dann doch lieber nicht.

Sie sehen: Aus Sicht Ihrer Webbesucher stellt sich der nächste Schritt als gar nicht so schlüssig und einfach dar. Diese Hemmungen, Ängste und Unsicherheiten sollten Sie bei Ihrem Call to Action berücksichtigen.

TIPPS

Klare Anweisungen geben.

Sagen Sie dem Leser, was er tun soll – und tun Sie das so deutlich wie möglich. Überlegen Sie sich, welche Rolle Ihre Website bei der Gewinnung von Kunden spielt und in welchem Stadium des Verkaufsprozesses sie zum Einsatz kommt.

Denn davon hängt die gewünschte Leserhandlung ab: den Newsletter abonnieren, einen Beratungstermin vereinbaren, ein kostenloses Erstgespräch führen, sich zurückrufen lassen, ein Produkt bestellen oder reservieren, Mitglied werden, einen Präsentationstermin festlegen, sich registrieren etc.

Und natürlich müssen Sie dem User auch klarmachen, wie er handeln soll: mailen, anrufen, schreiben, faxen, Kontaktformular ausfüllen etc.

Zum Beispiel:

Senden Sie uns eine Mail an vertrieb@xx.com und fordern Sie unseren ausführlichen Produktkatalog an.

Rufen Sie uns an unter 01234/56789-22 und vereinbaren Sie ein kostenloses Erstgespräch.

Noch mehr Infos finden Sie in unserer Detailstudie, die wir Ihnen nach Erscheinen gerne kostenlos zuschicken. Reservieren Sie sich Ihr Exemplar unter studie@xx.com.

Sicherheit schaffen.

Prüfen Sie Ihre Webseite mal aus Lesersicht: Was könnte Ihre Besucher davon abhalten, sich bei Ihnen zu melden, auch wenn sie an Ihren Leistungen interessiert sind? Was ist aus Lesersicht unklar? Was könnte den User verunsichern?

Lassen Sie dazu Ihre Webseite einfach mal testen – von Freunden, Kollegen oder Mitarbeitern: Wo zögern sie? Wo tauchen Fragen auf? Wo hakt es beim Bestellen oder bei der Kontaktaufnahme?

So entdecken Sie mögliche Hemmungen und Ängste, die Sie dem Nutzer mit einem entsprechenden Call to Action nehmen müssen.

Einige Beispiele:

Nennen Sie eine konkrete Ansprechperson:

Unsere Vertriebsleiterin Melanie Berger beantwortet gerne Ihre Fragen. Rufen Sie gleich an unter 01234/56789-04.

Beschreiben Sie die weitere Vorgangsweise:

Rufen Sie mich an unter 01234/567899. Reden wir darüber, wie ich Sie bei Ihrem IT-Projekt unterstützen kann und vereinbaren wir einen persönlichen Beratungstermin.

Nehmen Sie Druck weg:

Mailen Sie uns unter info@posch.at und fordern Sie unseren Kräuterkatalog für 2011 an. So können Sie in aller Ruhe Ihre Lieblingspflanzen auswählen und bestellen.

Lassen Sie einen Fluchtweg offen:

Abonnieren Sie gleich unseren Newsletter für regelmäßige Infos aus der Solarbranche. Sie können sich jederzeit abmelden.

Garantieren Sie Datenschutz:

Wir verwenden Ihre Mail-Adresse nur für den Newsletter-Versand und geben sie nicht an Dritte weiter.

Bieten Sie Geld-zurück-Garantien:

Bestellen Sie jetzt das eBook „Die 100 besten Tipps für Katzenfreunde". Wenn Sie mit dem eBook nicht zufrieden sind, mailen Sie mir innerhalb von 30 Tagen und Sie erhalten den vollen Kaufpreis zurück.

Kontakt erleichtern.

Versehen Sie die Handlungsaufforderung immer mit einer konkreten Kontaktmöglichkeit. Schreiben Sie nicht einfach „Informieren Sie sich im Detail und rufen Sie uns an". Vertrauen Sie nicht darauf, dass der Leser erst geduldig nach der Telefonnummer sucht, sondern führen Sie sie gleich an.

Dringlichkeit erzeugen.

Wenn Sie über Ihre Webseite etwas verkaufen wollen – ein Buch, ein Beratungs-Paket, ein Template –, können Sie die Konversionsrate mit einer künstlichen Verknappung steigern.

Denn grundsätzlich gilt: Je schneller Sie den Leser dazu bringen, zu bestellen, umso besser. Die meisten Menschen haben nur eine kurze Aufmerksamkeitsspanne – und die gilt es zu nutzen. Der Leser soll sich nicht erst denken: „Das Angebot klingt interessant, da rufe ich nächste Woche mal an" – bis dahin hat er es längst vergessen.

Arbeiten Sie daher mit – wohldosierten! – Dringlichkeits-Taktiken:

- *„Das Angebot gilt nur bis 31. Juli."*
- *„Bestellen Sie sofort und Sie erhalten einen Gutschein über 10 Euro."*
- *„Nur für kurze Zeit."*
- *„Limitierte Auflage."*

Halten Sie sich aber auch strikt an diese Angaben. Wenn ein Webbesucher nämlich im Oktober wiederkehrt und immer noch den supergünstigen Einführungspreis vom März sieht, wird's peinlich.

Nutzen bieten.

Sagen Sie dem Leser, was er davon hat, wenn er mit Ihnen Kontakt aufnimmt. Betonen Sie noch einmal den Hauptnutzen Ihres Angebots, geben Sie dem User kleinere (oder größere) Geschenke mit auf den Weg:

- *„Jetzt anmelden und Marketing-Guru Seth Godin live erleben!"*
- *„Buchen Sie sofort und sichern Sie sich 10 % Bonus!"*
- *„Gönnen Sie sich einen unvergesslichen Abend zu zweit und reservieren Sie gleich Ihren Tisch unter 0123/45678."*

FAZIT

Der Zweck eines Call to Action ist klar: Er bringt Ihre Leser dazu, den ersten Schritt zu tun – einen Schritt hin zu Ihnen. Und diesen Schritt müssen Sie ihm so verständlich, einleuchtend und einfach wie möglich machen. Nehmen Sie den Webbesucher an die Hand, sagen Sie ihm klar und deutlich, was er jetzt tun soll, übernehmen Sie die Führung. Sie werden sehen: Viele Menschen folgen Ihrer Anweisung bereitwilliger, als Sie denken.

Seite für Seite

Worum geht's

Bei Webseiten hat sich über die Jahre ein bestimmtes Muster herausgebildet: Startseite, Leistungen, Referenzen, Über uns, Philosophie, Kontakt, Impressum.

Dieses Grundgerüst wird natürlich oft unterschiedlich benannt (zum Beispiel „Angebot“ statt „Leistungen“) und durch verschiedene Kapitel und Unterseiten ergänzt (etwa durch „Jobs“, „Unternehmensgeschichte“ oder „Presse“).

Dennoch hat jede der sieben Basisseiten ihre ganz bestimmte Aufgabe beim Prozess der Kundengewinnung. Und jede dieser Seiten erzeugt bestimmte Erwartungen beim Leser.

Ihre Aufgabe ist es, diese Erwartungen zu erfüllen (zum Beispiel durch eine informative Startseite) und zu übertreffen (etwa durch nützliche Downloads). Dann halten sich die Webbesucher gerne und lange auf Ihrer Internetpräsenz auf und treten leichter in Kontakt mit Ihnen.

Das Ziel der Webseite

Machen Sie sich das Ziel Ihrer Webseite klar. Und leiten Sie daraus die weiteren Schritte ab.

Kleine Webpräsenzen mit fünf Seiten, große Internetauftritte mit integriertem Blog und Forum – die technischen Möglichkeiten werden von Jahr zu Jahr mehr. Auch wenn diese Möglichkeiten oft sehr verlockend wirken, bleibt doch zu bedenken: Die konzeptionellen Entscheidungen in der Planungsphase Ihrer Webseite wirken sich nicht nur aufs Budget aus, sondern auch auf den Zeitaufwand, den Sie für die Pflege Ihrer Website einplanen müssen.

Umso wichtiger sind die Fragen:

- Wen will ich mit meiner Webseite erreichen?
- Was will ich sagen?
- Wie will ich es sagen?

Wenn Ihre Webpräsenz ein wichtiger Pfeiler Ihrer Akquise ist, müssen Sie anders planen als wenn Sie lediglich eine Art „Visitenkarte im Netz" benötigen, weil Sie hauptsächlich offline an neue Kunden kommen.

Bei diesen Überlegungen wird Sie Ihr Webdesigner unterstützen – er kennt die technischen Möglichkeiten, ihre Vor- und Nachteile und klärt mit Ihnen, wie Ihr Webauftritt die Ziele Ihres Unternehmens umsetzen kann.

Hand in Hand damit gehen die Anforderungen an die textlichen Inhalte Ihrer Webseite. Neben Struktur und Design sind sie mitbestimmend für den Erfolg.

Stellen Sie sich folgende Fragen:

Welche Kunden will ich ansprechen – sowohl in fachlicher als auch menschlicher Hinsicht?

Zum Beispiel: Ein Coach will veränderungsbereite Manager in technischen Branchen akquirieren, die sich auf ein intensives Coaching einlassen und sich nicht mit Schnellschuss-Lösungen zufriedengeben. Oder: Eine Werbeagentur will Kunden im Luxussegment gewinnen, die sowohl hohe Ansprüche als auch ein hohes Budget mitbringen.

Welche Kunden will ich *nicht* ansprechen?

Zum Beispiel Pfennigfuchser, Leute, die Qualitätsarbeit weder erkennen noch bezahlen wollen, Kunden, die viel oder wenig Wert auf persönliche Beratung legen etc.

Wie will ich die Besucher an mein Unternehmen binden?

Zum Beispiel durch einen Newsletter, ein Gratis-eBook im Austausch gegen die Mail-Adresse des Users, ein Forum, ein Blog …

Was sollen die Interessenten tun?

Anrufen, mailen, bestellen, ein Kontaktformular ausfüllen, weitere Infos anfordern, in meinen Laden kommen, mich über Social Media weiterempfehlen, mich verbindlich beauftragen, sich registrieren etc.

Welche Infos erwarten sich die Besucher (Pflicht), welche Infos begeistern sie (Kür)?

Zum Beispiel: Genügt ein kleiner Webauftritt mit den üblichen Inhalten oder soll ich einen umfangreichen Download-Bereich einrichten mit Fachartikeln, Checklisten und White Papers?

FAZIT

Wie bei jedem Marketing-Instrument gilt auch bei Ihrem Webauftritt: zuerst das Ziel festlegen, dann planen und umsetzen. Lassen Sie sich dabei nicht von all den verlockenden technologischen Gimmicks verführen. Denn eines müssen Sie bedenken: Je größer Ihre Seite, umso mehr Inhalt müssen Sie konzipieren, recherchieren, texten und aktualisieren. Und das kostet Zeit und Geld.

ZITAT ZUM THEMA

„Jede Person, die direkt oder indirekt mit Ihrer Website befasst ist, sollte in der Lage sein, folgende Frage zu beantworten: Wofür ist die Website da?“

Haller, Heiko et al: Google Analytics & Co. Methoden der Webanalyse professionell anwenden. München, 2010, S. 63.

Die Startseite

Basteln Sie den passenden Köder für Ihre Zielgruppe.

Die Startseite ist der Köder, den Sie im „Haifischbecken Internet" auswerfen. Und dieser Köder muss für Ihre Zielgruppe so verlockend sein, dass sie anbeißt und sich näher mit Ihrem Angebot beschäftigt.

Wie bekommen Sie nun den Fisch an den Haken?

Rufen Sie sich einfach nochmal das typische Verhalten von Internetusern vor Augen: Der Nutzer sucht nach einer Lösung für sein Problem. Er hat wenig Zeit. Deshalb bleibt er bei jenen Webseiten hängen, die ihm in Sekundenschnelle vermitteln, sein Problem am besten lösen zu können.

Das sollten Sie beim Texten Ihrer Startseite im Auge behalten. Und das ist oft leichter gesagt, als getan.

Lassen Sie sich von den folgenden Überlegungen inspirieren:

TIPPS

So sollten Sie es nicht machen.

Fangen wir mit jenen Inhalten an, die zwar gang und gäbe sind, die Sie aber tunlichst vermeiden sollten:

- Sparen Sie sich die Floskel „Herzlich willkommen". Der Nutzer hat sie schon tausendmal gelesen (Google spuckt zu dieser Suchanfrage 27 Millionen Treffer aus).

- Auch ein Mission Statement lässt den User gleich weiterklicken – und zwar zum nächsten Anbieter. Selbst wenn Ihnen Ihre Philosophie ein echtes Anliegen ist – auf der Startseite haben solche Sätze nichts verloren: „Unsere 100-jährige Firmengeschichte ist uns Inspiration und Verpflichtung zugleich. Das Erbe der Vergangenheit bildet unsere Wurzeln und trägt uns in eine Zukunft, in der die Anliegen unserer Kunden im Mittelpunkt stehen.

Darauf arbeiten wir mit Engagement, Qualitätsbewusstsein und Innovationsfreude hin."

- Auch Ihr Chef wird einsehen, dass seine gut gemeinten Begrüßungsworte fehl am Platz sind: „Ich darf Sie herzlich auf unserer Homepage begrüßen. Unsere neu eingerichtete Webseite zeigt Ihnen unsere Produkte. Wir hoffen, dass Sie mit unserem Angebot zufrieden sind und freuen uns, von Ihnen zu hören."

- Verzichten Sie ebenso auf austauschbaren Text, der den Nutzer im Unklaren darüber lässt, ob Sie nun Elektrogeräte, Lederwaren oder Holzboote herstellen: „Wir sind stolz auf unsere Produkte, die höchsten Qualitätsansprüchen genügen, unsere Kunden nicht nur zufriedenstellen, sondern begeistern und unser Streben nach Perfektion ausdrücken."

- Denken Sie daran: Auf der Startseite wird informiert und Vertrauen aufgebaut und nicht mit dem Holzhammer verkauft à la „Wir erzeugen die besten und schönsten Gartenmöbel weit und breit. Jetzt minus 30 %! Greifen Sie sofort zu, bestellen Sie noch heute, morgen ist es zu spät!"

So sollten Sie es machen.

Ihre Startseite sollte folgende unausgesprochene Leserfragen beantworten – nicht mehr und nicht weniger:

- Was machen Sie?
- Was machen Sie besser als andere?
- Was habe ich davon?
- Warum sollte ich Ihnen vertrauen?
- Was soll ich jetzt tun?

So kann Ihre Homepage die zentralen Aufgaben erfüllen:

- Sie zeigt dem Leser, ob er hier findet, was er sucht.
- Sie weckt Interesse und macht klar, was Sie von anderen unterscheidet.
- Sie zieht den Leser in die Webseite hinein.

Fassen Sie sich kurz.

Ich weiß, es gibt viel über Ihr Unternehmen zu sagen, aber erschlagen Sie den Leser nicht mit Text. Besonders die Startseite muss leicht und schnell zu lesen sein. Wenden Sie daher die Regeln für Online-Texte an:

- kurze Sätze und Absätze verwenden
- einfach und klar schreiben
- Aufzählungen und Listen nutzen
- zu den weiterführenden Unterseiten verlinken

Bauen Sie Vertrauen auf.

Wenn der Nutzer auf Ihre Webseite gelangt, kennt er Sie noch nicht – zumindest in den meisten Fällen. Er kommt über Google oder die Gelben Seiten oder Branchenverzeichnisse zu Ihnen und hofft, dass Sie ihm verlässlich weiterhelfen.

Und „verlässlich" ist hier das Stichwort. Der Leser weiß bis jetzt noch nicht, ob er Ihnen vertrauen kann oder ob Sie einer von den vielen unseriösen Anbietern sind, die sich im Internet tummeln. Deshalb müssen Sie Vertrauen aufbauen – schon auf Ihrer Startseite:

- Testimonials: Sie sind ein kleiner Nischenbetrieb, beliefern aber große, bekannte Unternehmen? Dann bringen Sie doch ein kurzes Statement von einem zufriedenen Großkunden.

- Siegel und Auszeichnungen: Ein Prüfergebnis von unabhängigen Stellen schafft Vertrauen – zum Beispiel ein Meisterbrief, ein gutes Ergebnis bei der Stiftung Warentest usw.

- Statements von einflussreichen Medien: Eine große Zeitung hat positiv über Sie berichtet? Wunderbar. Dann setzen Sie das doch gleich auf Ihre Startseite, zum Beispiel „'... die frechste Kneipe in Berlin …' – Berliner Morgenpost".

- Kontaktdaten: Je nach Branche kann es wichtig sein, Ihre Adresse oder zumindest Ihren Standort gleich auf der Homepage anzuführen. Das macht Sie zu einem „realen" Unternehmen.

Arbeiten Sie mit Teasern.

Was tun, wenn Sie verschiedene Leistungen anbieten und unterschiedliche Zielgruppen ansprechen wollen? Texten Sie kurze Teaser mit integrierten Links. So erreichen Sie jede Zielgruppe und verweisen sie auf die entsprechenden Unterseiten.

Für ein Hotel mit unterschiedlichen Angeboten könnte das so aussehen:

- Familiär und direkt im Zentrum von Ischgl: das perfekte Hotel für Ihren Skiurlaub.
- Unvergesslicher Winterurlaub zu zweit in unserer kuscheligen Herzerlalm-Hütte.
- Jeden Tag Vollgas: zünftiges Après-Ski in unserer Enzian-Tenne.

FAZIT

Betrachten Sie Ihre Startseite einfach mal als Appetizer: Sie präsentieren dem Leser ein paar leckere Info-Häppchen, einladend angeordnet auf einem schicken Tablett. Der User nimmt sich eins, betrachtet es, beißt rein und will – sofern es ihm schmeckt – die Speisekarte sehen, um zu sehen, was Sie sonst noch so zu bieten haben.

BEISPIEL

Startseite eines freiberuflichen Personalexperten:

Der flexible Personalexperte für den westösterreichischen Mittelstand.

Sie wollen die besten Mitarbeiter gewinnen und halten?

Dabei unterstütze ich Sie gerne – und zwar in den Bereichen:

- Personalgewinnung
- Personalauswahl

- Personalentwicklung

Ihre Vorteile: Sie finden schneller die richtigen Mitarbeiter, erreichen Ihre Ziele rascher und bringen Ihr Unternehmen voran.

Bei Ihnen vor Ort: Ich berate mittelständische Unternehmen in Tirol, Vorarlberg und Salzburg.

Möchten Sie mehr erfahren? Rufen Sie mich einfach an unter 0123/45678.

Die Leistungen

Machen Sie sich unwiderstehlich. Aber übertreiben Sie nicht.

Ob Malermeister, mittelständische Maschinenbaufirma oder Gewürz-Shop: Ihre Angebotsseiten sind das Schaufenster für Ihre Erzeugnisse und Services. Hier müssen Sie überzeugende Fakten bieten und Emotionen hervorrufen, die linke und die rechte Gehirnhälfte ansprechen. Das macht das Gestalten von Produktseiten so anspruchsvoll – vom Design über die Fotos bis zum Verkaufstext.

Was das Ganze noch komplizierter macht: Ein Online-Shop verlangt andere textliche Feinheiten als die Angebotsseite eines Grafikers, der seine Leistungen überblicksmäßig vorstellen will. Deshalb kann ich Ihnen hier nur allgemeine Grundsätze mit auf den Weg geben.

Zwei Dinge sollten Sie beim Texten immer im Auge behalten:

- Bieten Sie die Lösung für ein Kundenproblem.
- Sagen Sie dem Leser, was er jetzt tun soll.

Wenn Sie sich davon beim Schreiben leiten lassen, fällt es Ihnen zum einen leicht, aus der Perspektive des Kunden zu schreiben, seine unausgesprochenen Fragen zu beantworten und zu zeigen, warum Sie der beste Anbieter für ihn sind.

Zum anderen führen Sie den Leser zum gewünschten Ziel hin: zur Kontaktaufnahme via Mail oder Telefon, zum Eintrag in die Mailing-Liste, zur Bestellung etc.

So machen Sie aus Webbesuchern interessierte Anfrager und schließlich neue Kunden.

Zu Ihrer Info: Zentrale Bausteine wie die Nutzenargumentation, die Gestaltung von Online-Texten oder die Handlungsaufforderung wurden bereits in vorangegangenen Kapiteln besprochen – deshalb hier nur eine kurze Auffrischung.

TIPPS

Überschrift.

Mit der Headline machen Sie den Leser aufmerksam; Sie verführen ihn zum Weiterlesen und ziehen ihn quasi in den Fließtext hinein. Und das müssen Sie im Handumdrehen schaffen, denn im Internet werden Texte meist nur überflogen.

So bekommen Sie den Leser an den „virtuellen Angelhaken“:

- Halten Sie Ihre Überschrift möglichst kurz und knackig. Feilen Sie an Ihren ersten Entwürfen, lassen Sie überflüssige Wörter weg; dasselbe gilt für aufgeblähte Floskeln.

- Formulieren Sie klar und einfach. Das heißt: keine Wortspiele, keine kryptischen Metaphern, keine hintergründigen Aussagen. Verlangen Sie dem Webnutzer nicht mehr geistige Anstrengung ab, als unbedingt nötig („Don’t make me think“).

- Werden Sie konkret. Headlines wie „Beste Leistungen für höchste Ansprüche“ sind verschwendeter Platz. Nennen Sie lieber quantifizierbaren Nutzen, greifbare Vorteile, sprechen Sie davon, was Sie besser machen als der Wettbewerb.

- Fordern Sie den Leser auf, etwas Bestimmtes zu tun, zum Beispiel: „Planen Sie Ihren Garten in nur 1 Stunde – mit unserem Garden-Planning-Set“. Mit solchen Handlungsaufforderungen können Sie die wichtigsten Produktvorteile schon in der Überschrift unterbringen.

- Stellen Sie Fragen: „Wie oft tun Sie Ihren Gardenien etwas Gutes?“ oder „Lust auf ein Rafting-Abenteuer im Ötztal?“ Der Leser kann gar nicht anders, als diese Fragen unwillkürlich zu beantworten, er wird neugierig und sucht im Fließtext nach weiteren Infos.

Nutzen. Nutzen. Nutzen.

Übersetzen Sie die Eigenschaften Ihres Produktes oder Services in Nutzen. Zeigen Sie, was der Anwender von Ihrer innovativen Massagemethode hat („… damit entspannen Sie noch schneller

…“) oder was ihm Ihr Premium-Catering bringt („… so haben Sie mehr Zeit für Ihre Gäste …“).

Behalten Sie beim Formulieren des Nutzens immer die wichtigsten Kaufmotive im Blick und beschreiben Sie so bildhaft wie möglich, wie Ihr Produkt den Erfolg, das Wohlbefinden, das Ansehen etc. Ihres Kunden erhöht. Zum Beispiel: „Gönnen Sie sich unser azurblaues MaxiPool. Ihre Nachbarn werden Augen machen.“

Tipp: Wenn Sie zum Beispiel ein technisches Produkt mit vielen Spezifikationen herstellen, dann packen Sie diese Detailinfos am besten auf eine Unterseite oder in ein downloadbares PDF.

Einwände behandeln.

Aus persönlichen Verkaufsgesprächen kennen Sie die Einwände und Bedenken Ihrer Zielgruppe – diese mehr oder weniger unbewussten Ängste halten auch Ihre Webbesucher von Kauf oder Kontaktaufnahme ab. Deshalb sollten Sie diese Einwände auf Ihren Angebotsseiten vorwegnehmen und entkräften – und idealerweise gleich in einen Vorteil umwandeln.

Häufige Einwände sind:

- Das Produkt ist zu teuer.
- Das Produkt ist zu kompliziert.
- Wir sind mit unserem aktuellen Lieferanten sehr zufrieden.
- Es ist unklar, ob sich das Produkt überhaupt rechnet.
- Ein Produktwechsel ist viel zu aufwändig.
- Warum soll das Produkt besser als unsere jetzige Lösung sein?

Entkräften Sie diese Bedenken, indem Sie auf besondere Garantie-Bestimmungen hinweisen, konkrete Zahlen bei Einsparungen nennen, das günstige Preis-/Leistungsverhältnis betonen, auf die kurze Amortisationsdauer verweisen, mögliche Einsparungen anhand von Beispielrechnungen verdeutlichen, informative Fallstudien bringen, Testimonials anführen, kostenlose Testversionen oder Beratungsgespräche anbieten etc.

Klar und deutlich.

Die wichtigste Regel für gute Online-Texte zählt bei der Leistungsbeschreibung ganz besonders: Formulieren Sie so klar und deutlich wie möglich, vermeiden Sie übertriebene textliche Kreativität. Schließlich wollen Sie auf Ihren Angebotsseiten verkaufen und nicht durch sprachliche Originalität beeindrucken. Mit anderen Worten: Es geht ums Geschäft, nicht um Literatur.

Und: Erzählen Sie keine Romane, schweifen Sie nicht ab, halten Sie sich so kurz wie möglich. Hier geht es ausschließlich um Ihre Produkte und was der Kunde davon hat. Setzen Sie Links zu Hintergrund-Informationen oder bieten Sie diese als PDF an.

Fürs Auge schreiben.

Denken Sie immer daran, dass Sie für ein Online-Medium schreiben. Das heißt: Gliedern Sie Ihre Produktbeschreibungen in Unterpunkte, arbeiten Sie mit Hervorhebungen und Grafiken (ohne Ihre Seite zu überladen). Nutzen Sie Listen und Aufzählungen und bringen Sie die wichtigsten Produktvorteile gleich am Anfang. Überlegen Sie auch, welche Infos Sie „above the fold" unterbringen wollen und welche Infos der Leser erst beim Runterscrollen sieht.

Testimonials.

Die Angebotsseiten sind der richtige Platz für „Social Proof", sprich für begeisterte Kundenstimmen, die den Webbesucher vom Wert Ihres Angebots überzeugen. Lassen Sie Ihre bestehenden Kunden schildern, wie sie von Ihrer Beratung oder Ihren Erzeugnissen konkret profitieren. Das steigert Ihre Glaubwürdigkeit enorm.

Zum Handeln bringen.

Nicht vergessen: keine Produkt- oder Servicebeschreibung ohne Call to Action. Wenn Sie wollen, dass der interessierte Webnutzer mit Ihnen Kontakt aufnimmt, müssen Sie ihm das 1. deutlich sagen und 2. so einfach wie möglich machen.

Also zum Beispiel:

Sie möchten mehr über unsere maßgefertigten Reitstiefel wissen? Rufen Sie uns einfach an unter 01234/5678 – wir beraten Sie gerne.

Lassen Sie sich die detaillierten Studienergebnisse einfach zuschicken – eine kurze Nachricht an office@xx.com genügt.

Erfahren Sie, wie Sie Ihre Kühlkosten senken können und vereinbaren Sie gleich eine kostenlose Erstberatung unter Tel. 01234/56789.

FAZIT

Denken Sie beim Texten Ihrer Angebotsseiten immer vom Kunden her: Was beschäftigt ihn, wie können Sie ihn unterstützen, was hat er von Ihren Leistungen? Schreiben Sie nicht aus der „Wir"-, sondern aus der „Sie"-Perspektive und machen Sie dem Leser klar, warum er sich an Sie wenden soll, um sein Problem zu lösen. Und bauen Sie mit einem klaren, sympathischen Call to Action eine Brücke zu Ihrem Unternehmen.

SPEZIALTIPP

F&A.

Sie kennen den Menüpunkt „Fragen & Antworten" wahrscheinlich von den Webseiten großer Unternehmen. Hier werden die wichtigsten Fragen der Webbesucher beantwortet – ähnlich wie in einem persönlichen Verkaufsgespräch.

Auch Freiberufler und KMU profitieren von einer eigenen F&A-Sektion auf ihrer Website:

Wenn Sie die relevantesten Kundenfragen kompetent und sympathisch beantworten, können Sie schon im Vorfeld kaufhemmende Ängste und Zweifel beseitigen. Der Coaching-Interessent erfährt zum Beispiel, dass er nicht unbedingt 20 Sitzungen braucht, sondern dass auch schon vier oder sechs Termine sein Problem lösen können. Oder dass das Erstgespräch kostenlos ist und was dort genau passiert. Oder dass die Sitzungen auch bei ihm im Unternehmen stattfinden können.

Mit solchen Infos erhöhen Sie die Leserbindung sowie die Konversionsrate. Und Sie haben auch gegenüber jenen Wettbewerbern die Nase vorn, die auf ihrer Website nur Minimalinfos bieten und den Interessenten ratlos zurücklassen.

Ob eine F&A-Sektion Sinn hat, hängt mehr von Ihrer Branche als von der Größe Ihres Unternehmens ab:

Wenn Sie zum Beispiel mit Ihrem Sägewerk hauptsächlich Möbelproduzenten beliefern, wird ein F&A-Bereich eher nicht notwendig sein – Ihre Kunden kennen sich in der Branche aus.

Anders liegt der Fall, wenn Ihre Leistungen vor allem von Privatleuten nachgefragt werden, die keine oder wenig Erfahrung mit Ihrer Branche haben. Zum Beispiel wird ein Hochzeitsfotograf meist dieselben Fragen von Interessenten erhalten: Was kostet ein Shooting? Was ist darin enthalten? Bekommen wir alle Fotos auf CD? Dasselbe gilt für Coaches oder Webdesigner, also für Anbieter von erklärungsbedürftigen (Dienst)Leistungen – egal, ob Einzelkämpfer oder größere Firma.

Hier einige Überlegungen:

Vorteile.

Das bringen Ihnen gut getextete F&A:

- Sie zeigen sich kundenorientiert und einfühlsam.
- Sie sparen sich die Beantwortung der immer gleichen Fragen per Telefon und Mail.
- Sie bauen Vertrauen auf und machen es dem Interessenten leichter, sich zu melden.
- Sie müssen beim Formulieren der F&A vom Kunden her denken – und das kommt auch dem übrigen Webtext zugute.

Umfang.

Eine Seite mit fünf bis neun Fragen reicht aus. Bei komplexeren Produkten können Sie den Fragen und Antworten mehr Platz einräumen. Machen Sie diese Entscheidung auch vom Ziel Ihrer Webseite abhängig.

Fragen.

Überlegen Sie, welche Fragen Ihre Interessenten am Telefon stellen, per Email oder in den Gesprächen mit Ihren Vertriebsmitarbeitern.

Reihenfolge.

Beginnen Sie mit den einfachsten Fragen und beantworten Sie die komplexeren Themen zum Schluss. Gruppieren Sie die Fragen thematisch passend, damit sich der Leser leichter zurechtfindet.

Stil.

Schreiben Sie einfach, persönlich und verständlich. Es geht hier weniger um den Verkauf als um Informationen. Halten Sie sich so kurz wie möglich und kommen Sie schnell zum Punkt.

Kontakt.

Seien Sie leicht und schnell erreichbar, falls der Leser keine Antwort auf seine spezielle Frage gefunden hat: „Die Antwort auf Ihre Frage war nicht dabei? Wir helfen Ihnen gerne weiter. Einfach anrufen unter 0123/456789.“

Die letzte Frage.

Nutzen Sie das handlungsfördernde Potenzial der letzten Frage. Zum Beispiel:

Frage: *Das hört sich alles sehr gut an. Was soll ich jetzt tun?*

Antwort: *Rufen Sie uns gleich an unter 0123/456789 und lassen Sie sich kostenlos und unverbindlich beraten. Sprechen wir darüber, wie wir Ihre Transportkosten senken können.*

BEISPIEL

Produktseite eines SAP-Dienstleisters für Kliniken:

Dokumenten-Management. Für ein papierloses Büro.

In Ihrem Gesundheitsunternehmen fallen täglich viele Dokumente an: Patientenbewegungen, Rechnungen, Ausschreibungen etc. Viele davon müssen aufwändig archiviert werden – von der zeitraubenden Suche ganz zu schweigen.

Nutzen Sie deshalb das Dokumenten-Management von ATSP:

- Speichern Sie Ihre Dokumente platzsparend und revisionssicher ab.

- Recherchieren Sie über beliebige Suchbegriffe.

- Lassen Sie sich die Dokumente originalgetreu am Bildschirm anzeigen oder ausdrucken.

- Nutzen Sie die übersichtliche Verwaltung und binden Sie die Dokumente in Arbeitsabläufe ein – so können Sie sie workflow-gesteuert aufrufen oder durch eine automatische Konfiguration abschicken.

Mit unserem elektronischen Archiv können Sie wichtige Informationen ganz einfach suchen, finden und verteilen – und sparen Lagerkapazitäten und Büromaterial.

Haben Sie Fragen zu unserem Dokumenten-Management? Informieren Sie sich unter Tel. 01234/56789 oder per Mail.

Quelle: Doppler, Doris: Webtexte für ATSP; im Auftrag der Agentur Werberaum, Innsbruck.

Die Referenzen

Lassen Sie Projekte und Kunden für sich sprechen.

Referenzen, Testimonials, Kundenstimmen – eine Liste mit erfolgreichen Projekten und ehrliche Meinungen von zufriedenen Klienten machen Sie glaubwürdig(er). Sie nehmen dem Webbesucher ein Stück Unsicherheit und bauen Vertrauen auf – und das beschleunigt wiederum den Kaufprozess.

Einige Empfehlungen dazu:

TIPPS

Kunden- und Projektlisten.

Zu Ihren Auftraggebern zählen große Unternehmen und bekannte Marken? Dann stellen Sie doch eine attraktive Kundenliste zusammen – viele potenzielle Kunden machen eine Anfrage von klingenden Namen abhängig. Ganz nach dem Motto: Nur wer für große Firmen arbeitet, kann was.

Führen Sie (nach Absprache mit dem Kunden) auch an, welche Leistungen Sie für ihn durchgeführt haben. Denn es macht einen gewaltigen Unterschied, ob Sie für einen internationalen Konzern eine Kampagne entwickelt oder eine einzelne Anzeige entworfen haben.

Wenn Sie komplexe Produkte oder Dienstleistungen anbieten (etwa in Technologie oder Beratung), können Sie Ihre Arbeitsweise auch in kürzeren oder längeren Fallstudien veranschaulichen. Ausgehend vom Kundenproblem über den Lösungsweg bis zum Ergebnis zeigen Sie, wie Sie vorgehen, was den Auftraggeber erwartet und mit welchen Erfolgen zu rechnen ist. Holen Sie sich dazu aber unbedingt die Veröffentlichungserlaubnis Ihres Kunden ein.

Und: Ergänzen Sie diese Projektbeschreibung doch gleich mit knackigen Testimonials.

Testimonials.

Kundenmeinungen haben eine starke Wirkung und sind gleichzeitig schnell und einfach zu beschaffen. Fragen Sie Ihre bestehenden Kunden ganz einfach nach ehrlichem (!) Feedback. Wer von Ihren Leistungen begeistert ist, schickt Ihnen gerne ein aussagekräftiges und wohlwollendes Statement.

Beachten Sie folgende Punkte:

- Verwenden Sie nur echte Testimonials von echten Kunden. Lassen Sie sich nicht dazu verleiten, eine Kundenmeinung zu erfinden. Solche Fälschungen kommen früher oder später ans Tageslicht – und sei es nur durch einen Mitarbeiter, der sich verplaudert.

- Ein Kunde schickt Ihnen begeistertes Feedback via Email? Wunderbar! Bringen Sie doch einen Auszug auf Ihrer Webseite. Aber fragen Sie den Kunden vorher unbedingt um Erlaubnis. Dazu ein Tipp: Holen Sie sich die Freigabe nicht nur für Ihre Webpräsenz, sondern auch für allfällige weitere Verwendungen (Mailings, Flyer etc.).

- Vielleicht ist Ihnen das auch schon passiert: Sie bitten einen Kunden um ein Statement und der spielt den Ball zu Ihnen zurück und ersucht Sie, das Testimonial in seinem Namen zu verfassen. Sei es, weil er keine Zeit hat oder weil er sich einfach schwer tut mit dem Texten. Das Problem: Man merkt es den Testimonials oft an, wenn sie nicht vom Kunden selbst verfasst wurden. Echte Kundenmeinungen lesen sich oft ein wenig unbeholfen und holprig – und sind gerade deshalb so glaubwürdig.

- Manchmal schaden Testimonials mehr, als sie nützen. Und zwar zum Beispiel dann, wenn nicht deutlich wird, von wem sie stammen. Das liest sich dann etwa so: „Ich war mit dem prompten Lieferservice von Blitzexpress sehr zufrieden. Z. U. aus P.“ Oder: „Die Einsatzbereitschaft Ihres Kundenservice hat uns positiv überrascht. Xaver, Geschäftsführer aus Wien.“ Achten Sie also darauf, dass Sie immer den vollen Kundennamen anführen, Stadt und/oder Land sowie – falls für Ihre Zielgruppe wichtig – das Unternehmen und die Position. Zum Beispiel so: „Xaver Aumüller, Geschäftsführer von SunElectric, Wien"

- Achten Sie auf die Aussagekraft des Testimonials. Auf Einwortmeldungen wie „Sagenhaft!" oder „Begeisternd!" sollten Sie verzichten – sie sagen nichts über Ihr Produkt aus und helfen dem potenziellen Kunden nicht wirklich weiter. Meist braucht es mindestens zwei Sätze, um brauchbare Informationen zu transportieren.

- Die Aussagekraft wird auch dann erhöht, wenn die Kundenmeinung konkret ist. Das heißt, wenn sie nicht nur abstrakte Schlagwörter wie „Kompetenz", „Innovation" oder „Motivation" enthält, sondern mitteilt, woraus denn nun die Kompetenz oder Motivation genau bestanden haben. Also statt „Die Motivation Ihrer Montagetechniker hat uns sehr beeindruckt" besser „Ihre Montagetechniker haben trotz starkem Wind und Regen exakt und verlässlich gearbeitet."

- Packen Sie Ihre Testimonials nicht gesammelt auf eine Seite – hier wird sie wahrscheinlich niemand lesen. Verteilen Sie sie besser auf verschiedene Seiten, bauen Sie sie in den Fließtext ein, heben Sie sie grafisch hervor. So können Sie den Produktnutzen sofort mit einer konkreten Kundenerfahrung untermauern und machen so den gesamten Text glaubwürdiger und respektabler. Und das verstärkt seine Werbewirkung.

FAZIT

Testimonials sind leicht zu beschaffen, kosten nichts und haben eine starke Wirkung. Auch aufschlussreiche Beschreibungen von Kundenprojekten und (Mini)Fallstudien beweisen Ihre Kompetenz quasi „am lebenden Objekt". Das gilt besonders für teure und/oder erklärungsbedürftige Produkte und Dienstleistungen.

Die Über-uns-Seite

Erzählen Sie nur solche Dinge über sich, die den Leser interessieren.

Dass die Über-uns-Seite zu den am öftesten aufgerufenen Unterseiten zählt, zeigt eines: Geschäfte werden zwischen Menschen gemacht, nicht zwischen Unternehmen. Wer sich grundsätzlich für Ihr Angebot interessiert, will wissen, mit wem er es zu tun hat – abseits von Produktbeschreibungen, Referenzen und Adressdaten.

Auf der „Unternehmen"-Seite will der Leser erfahren:

- Wer sind die Gesichter hinter der Firma?
- Mit welcher Art von Menschen habe ich es zu tun?
- Was motiviert den Anbieter, lebt er seine Berufung?
- Ist er ausreichend qualifiziert und erfahren, um mir zu helfen?
- Will mich die Firma wirklich unterstützen und eine langfristige Partnerschaft aufbauen?

Wichtig: Der User liest auch zwischen den Zeilen, er erfährt viel aus der Art und Weise, wie Sie sich präsentieren und wie viel Sie von sich preisgeben. Hier zählen also nicht nur die nackten Fakten. Es geht darum, Vertrauen zu bilden, zu informieren und eine Verbindung zum Interessenten herzustellen.

Fragen Sie sich einfach: Wenn ich mein Kunde wäre – was würde ich über mich wissen wollen?

TIPPS

Die Menge der Infos.

Je nach Unternehmensgröße wendet sich Ihre Über-uns-Seite an die unterschiedlichsten Interessensgruppen: Kunden, Lieferanten, Bewerber, Presse/Öffentlichkeit, Investoren usw.

Darauf sollten Sie die Menge der Unternehmensinfos abstellen. Denken Sie auch daran, dass der Umfang der präsentierten Infos einen bestimmten Eindruck beim Leser hinterlässt: Wenn

Sie großzügig über Ihr Unternehmen berichten, zeugt das von einem selbstbewussten, offenen, nach außen gewandten Betrieb. Wenn Sie zu wenige Infos bieten, könnten Sie so manche Interessensgruppe verärgern und signalisieren, dass Sie nicht am Austausch mit der Umwelt interessiert sind oder – schlimmer noch – dass Sie etwas zu verbergen haben.

Sie haben es also in der Hand, ob Sie einladend oder abweisend wirken. Und das kann ganz konkrete Auswirkungen haben – zum Beispiel auf die Art und Anzahl der Bewerber. Wenn Sie ein Mittelständler sind, der bereits unter dem Fachkräftemangel leidet, sollten Sie alles versuchen, um sich im Internet als attraktives Unternehmen zu präsentieren.

Die Art der Infos.

Nicht nur die Menge, auch die Art der Informationen auf der Über-uns-Seite beeinflusst Ihr Image. Welche Angaben Sie über sich machen, hängt von Ihrer Unternehmensgröße, Ihrer Corporate Identity und Ihrer Branche ab. Wenn Sie zum Beispiel als Grafikerin oder Konzeptionist arbeiten, ist Kreativität erwünscht oder wird sogar erwartet. Wenn Sie Bohrmaschinen erzeugen, wird Ihre Selbstdarstellung eher nüchtern ausfallen.

Ziel ist immer, eine Verbindung mit dem Leser herzustellen. Wenn Sie einen Sportartikelladen führen, gewinnen Sie Pluspunkte, wenn Sie Ihre Leidenschaft fürs Surfen und Klettern beschreiben. Wenn Sie eine freie Buchhalterin sind, sind Ihre sportlichen Ambitionen eher zweitrangig.

Der Schreibstil.

Verstecken Sie sich nicht hinter Marketing-Sprech. Sie sollen nicht wie ein glattgebügelter PR-Text klingen, sondern wie ein Mensch. Achten Sie aber darauf, dass der Stil zur restlichen Website passt – werden Sie also nicht plötzlich übermäßig persönlich oder förmlich.

Und: Gliedern Sie Ihre Seite in Abschnitte: Wer sind wir, was machen wir, mit wem arbeiten wir zusammen, was treibt uns an etc. So wird Ihre Über-uns-Seite nicht nur leichter lesbar – Sie tun sich auch leichter mit dem Formulieren.

Tipps für Einzelkämpfer.

Sind Sie als Webdesigner, Trainerin oder anderweitig freiberuflich tätig? Hier finden Sie eine Auswahl an möglichen Inhalten für Ihre Über-mich-Seite:

- Beruf (seit wann?)
- Ihre Nische, Ihr Spezialwissen (zum Beispiel Unternehmensberater für Tierärzte, Marketingcoach für Rhetoriktrainer)
- Standort, geografischer Tätigkeitsbereich
- Ämter und Mitgliedschaften (zum Beispiel Vorstandsmitglied eines Designforums)
- bekannte Firmen und Institutionen, für die Sie tätig waren oder sind (zum Beispiel Lehrauftrag an der Uni)
- Publikationen (Bücher, Artikel)
- ehrenamtliches Engagement (zum Beispiel begeisterter Feuerwehrmann)
- Netzwerkpartner

Zeigen Sie Persönlichkeit und Professionalität. Schreiben Sie in der Ich-Form, nicht in der distanzierten 3. Person. Werden Sie greifbar, erzählen Sie Geschichten (Menschen mögen Geschichten!). Beschreiben Sie, warum Sie Hundetrainerin wurden, erzählen Sie, wie Sie als ältestes von acht Kindern immer auf Ihre Geschwister aufpassen mussten und deshalb später Tagesmutter wurden. Stellen Sie eine Verbindung her zwischen Beruf und Privatem. Und: Es geht um Ihre Geschichte, nicht um Ihren Lebenslauf.

Tipps für Unternehmen.

Stellen Sie zum Beispiel folgende Inhalte online:

- Geschäftsfeld(er)
- Standort(e)
- Unternehmensstruktur
- Umsatz

- Mitarbeiteranzahl (bei kleinen Firmen auch: Kurzinfos zu den einzelnen Mitarbeitern)
- Geschichte

Halten Sie Ihre Über-uns-Seite kurz und überschaubar. Packen Sie vertiefende Infos in Unterseiten oder in Downloads (zum Beispiel Broschüren, Geschäftsberichte, Nachhaltigkeitsberichte, Pressemappen etc.).

Die Fotos.

Vergessen Sie nicht auf die Fotos! Sie sind äußerst wichtig für den Eindruck, den der Leser von Ihnen gewinnt. Zeigen Sie hier genau so viel Sorgfalt wie beim Texten:

- Investieren Sie in einen guten Fotografen. Schlechte Fotos färben auf Ihr Image ab und können die Wirkung einer gut designten (und teuren) Website ganz schnell zunichtemachen.

- Alle Mitarbeiterfotos sollten den gleichen Look aufweisen (Format, Hintergrund, Ausschnitt, Farbklima etc.).

- Achten Sie auf die Aktualität der Fotos.

- Stellen Sie die Fotos der Chefs in druckfähiger Auflösung zur Verfügung (die Journalisten werden es Ihnen danken).

… und nicht vergessen:

- Aktualisieren Sie Ihre Über-uns-Seite regelmäßig.

- Leiten Sie die Leser über Links zu weiterführenden Infos (zu Ihrem Blog, zur Leistungsbeschreibung, zum Portfolio etc.).

- Lassen Sie sich beim Texten von den W-Fragen leiten: wer, was, wann, wie und wieso.

- Nutzen Sie auch bei der Über-uns-Seite ergänzende Testimonials – sie bekräftigen, was Sie über sich schreiben.

- Zeigen Sie Leidenschaft für Ihr Business. Wenn Sie als Marketingberater 500 Bücher besitzen und sich 370 davon ums Marketing drehen – das ist doch eine kurze Erwähnung wert, oder?

- Fordern Sie die Leser zum Handeln auf. Denn mit der Über-uns-Seite haben Sie die Verbindung zum User verstärkt und eine gewisse Vertrautheit geschaffen. Nutzen Sie diesen guten Eindruck und sagen Sie dem Leser, dass er Sie jetzt anrufen soll oder Ihnen schreiben soll und dass Sie sich auf ihn freuen.

FAZIT

Wer die Über-uns-Seite anklickt, zeigt verstärktes Interesse an Ihnen. Er sucht nach Hinweisen, die ihm Vertrauen vermitteln. Nutzen Sie diesen Umstand und präsentieren Sie sich so kompetent und sympathisch wie möglich. Der Leser muss das Gefühl haben, dass er bei Ihnen in besten Händen ist – fachlich wie menschlich.

SPEZIALTIPP

Werden Sie multimedial.

Verwenden Sie auch Audio und Video. Lassen Sie sich zum Beispiel interviewen und stellen Sie die Audiodatei auf Ihre Über-mich-Seite. Oder portraitieren Sie Ihren Chef oder Geschäftsführer in einem kurzen Video.

So können Sie Ihre Website-Besucher über verschiedene Kanäle ansprechen – und wer Sie in einem gut gemachten Video-Beitrag gesehen hat, hat das Gefühl, Sie bereits ein wenig zu kennen und greift schneller zum Telefon.

Setzen Sie aber Audio und Video nur ein, wenn Ihnen bzw. Ihrem Chef diese Formate liegen – der Zuschauer/Zuhörer merkt es, wenn Sie sich vor der Kamera oder dem Mikro nicht wohlfühlen. Und arbeiten Sie bei der Produktion mit Profis zusammen – das garantiert ein hochwertiges Endprodukt.

BEISPIEL

Über-mich-Seite eines Kreativen:

Hallo, ich bin Tom Thomas, Grafiker und Webdesigner in Schwerin. Seit elf Jahren beschäftige ich mit mehr oder weniger verrückten Farben und Formen, mit bewegten und unbewegten Bildern und allem, was mit dem Internet zu tun hat.

In dieser Zeit sind mein Wissen und meine Erfahrung ebenso gewachsen wie meine Kunden: Mittlerweile arbeite ich für Kapazunder wie Wingas, Osram oder Fraport.

Und ich bin Mitglied des CreativeNetwork Schwerin – ich mag einfach den Austausch mit anderen kreativen Freigeistern. Außerdem finde ich dort die besten Fotografen, Designer, Texter der Stadt. Das kommt übrigens auch Ihrem Projekt zugute.

Zwischendurch geht's ab in die Natur – entweder mit meinem Zeichenblock oder mit meiner Polaroid-Kamera. Inspirationen wollen schließlich festgehalten werden.

… und was darf ich für Sie tun? Rufen Sie mich einfach an unter 01234/56789.

Die Philosophie

Leitbild? Ja, aber nur mit Substanz.

Philosophie, Leitbild, Vision – viele Unternehmen wollen auf ihrer Website festhalten, was sie ausmacht, was sie antreibt, wo sie hinwollen.

Aber eigentlich haben Mission Statements nichts auf einer Website zu suchen. Warum? Die meisten Leitbilder sind egozentrierte, vage, beliebig interpretierbare, in sanften Pastelltönen gemalte Idealbilder von Unternehmungen. Solche selbstverliebten Nabelschauen haben – wenn überhaupt – vor allem eine Innenwirkung; sie dienen der internen Ausrichtung einer Organisation.

Doch vor allem: Solche Mission Statements enthalten meist keine Informationen, mit denen der Internetuser etwas anfangen an. Er sucht nach verwertbaren Infos, die ihn weiterbringen – keine leere Rhetorik in Leitbildform, die etwa so klingt:

Unser höchstes Bestreben ist es, als fachlich und persönlich kompetenter Partner unseren Kunden maximalen Nutzen zu stiften. Bei uns stehen die Menschen im Mittelpunkt – seien es Mitarbeiter, Kunden, Lieferanten oder Aktionäre. Wir handeln stets im Interesse unserer Anspruchsgruppen und wägen Chancen und Risiken bei unserer Geschäftsentwicklung mit ausgesuchter Sorgfalt ab.

Unser Ziel ist es, der wichtigste Ansprechpartner in unserer Branche zu werden. Dafür setzen wir uns für ein Höchstmaß an Qualität und Effizienz sowohl im internen als auch im externen Kommunizieren und Handeln ein. So gewährleisten wir tragfähige Beziehungen und ein überdurchschnittliches Maß an Kundennähe über alle Kontinente hinweg.

Nicht sehr prickelnd, oder?

Dennoch: Ein Unternehmen muss wissen, wo die Reise hingeht. Ein klares, realitätsnahes und substanzhaltiges Leitbild kann Orientierung und Zusammenhalt schaffen – und solche Leitbilder sind dann auch für jene Leser interessant, die sich auf der Webseite einen ersten Eindruck vom Anbieter verschaffen und in einem zweiten Schritt erfahren möchten, wie das Unternehmen zu seinen Mitarbeitern, Lieferanten und Kunden steht, nach welchen Prinzipien es handelt und nach welchen Zielen es strebt.

Und wenn Sie hier mit einem kurzen, knackigen, inspirierenden Leitbild positiv überraschen, können Sie wertvolle Pluspunkte beim Interessenten sammeln – vergleichbar mit einem gelungenen Elevator Pitch. Eine Chance, die Sie nutzen sollten.

Doch eins ist klar: Die Erarbeitung eines Leitbildes ist ein längerer und komplexer Prozess mit vielen Beteiligten – der Zweck und die Vision eines Unternehmens lassen sich nicht in fünf Minuten niederschreiben. Hier geht es um Fragen der Unternehmens- und Organisationsentwicklung, nicht um reine Textgestaltung.

Trotzdem finden Sie hier einige Anregungen, wie Sie ein überzeugendes Leitbild formulieren bzw. Ihr vorhandenes Mission Statement lebendiger gestalten können:

TIPPS

Kurz halten.

Ein Leitbild ist kein detailliert ausgearbeitetes Positions- und Strategiepapier, sondern vermittelt Ihre Botschaft in wenigen Sätzen. Die Leser sollen sich an Ihr Mission Statement erinnern und es in seinen Grundzügen problemlos wiedergeben können.

Sie können Ihr (umfangreicheres) Leitbild auch zu einem Motto, einem Credo verdichten.

Beispiele:

"We are Ladies and Gentlemen serving Ladies and Gentlemen." - Ritz-Carlton Hotel Company

„Das Ziel von Google ist es, die Informationen der Welt zu organisieren und für alle zu jeder Zeit zugänglich und nützlich zu machen." – Google

Auf die Eckpunkte konzentrieren.

Ihr Leitbild sollte drei Fragen beantworten:

- Was ist der Zweck Ihres Unternehmens?
- Welche Produkte und Dienstleistungen liefern Sie?
- Welche Werte leben Sie?

Beispiel:

Wir sorgen für Ihr bewusstes Druckerlebnis

Gerade heute angesichts globaler Klimaprobleme ist die Entwicklung umweltbewusster Lösungen in der Industrie gefragter denn je.

Wir nehmen diese Verantwortung ernst: Durch die Kombination aus dem Einsatz neuester Technik und ökologischer Materialien sowie dem Erfüllen wegweisender Umweltzertifikate liefern wir ein "grünes" Druckergebnis auf hohem Niveau.

Mit regelmäßigen Prüfverfahren bleiben Qualität und Klimaschutz nachhaltig gewahrt. So erfüllen wir unseren Anspruch, bei besten Druckergebnissen Mensch und Umwelt zu schützen.

Bonifatius Druckerei, Paderborn

Spezifisch bleiben.

Ein Leitbild sollte beschreibend und umsetzbar sein. Nur so wissen Ihre Mitarbeiter, wie sie sich verhalten sollen und was von ihnen erwartet wird; und nur so wissen Ihre Webbesucher, in welchem groben Rahmen sich eine Geschäftsbeziehung mit Ihnen abspielen wird und wo Sie Ihre Schwerpunkte setzen.

Klar und einfach schreiben.

Auch beim Leitbild gelten die bewährten Regeln für gute Texte: Vermeiden Sie Manager-Jargon ebenso wie Marketing-Floskeln, lavieren Sie nicht herum, sondern beziehen Sie eindeutig Stellung. Ein kraftvolles Mission Statement färbt positiv auf Ihr Image ab.

FAZIT

Viele Leitbilder sind zum Gähnen langweilig. Wenn auch Ihr Mission Statement eher einer lieblosen Alibihandlung als einer ernst gemeinten Grundsatzerklärung ähnelt, geben Sie es lieber nicht auf Ihre Webseite – auch wenn es die Kaufentscheidung Ihrer Webbesucher wahrscheinlich nicht negativ beeinflussen wird.

Wenn Sie hingegen ein Leitbild online stellen, das in klaren Worten beschreibt, was Sie ausmacht, wie Sie denken und handeln und wo Sie hinwollen, dann liefern Sie Ihren Webbesuchern wertvolle Hinweise auf die Frage: „Ist das ein Anbieter, mit dem ich gerne zusammenarbeiten möchte?“

SPEZIALTIPP

Ihr Leitbild sollte die unternehmerische Vision wiedergeben – lassen Sie sich von den folgenden Fragen inspirieren:

- Wofür stehen wir, was ist der Zweck unseres Handelns?

- Wodurch unterscheiden wir uns von anderen Unternehmen?

- Was ist einzigartig an unserem Unternehmen?

- Wie soll sich unser Unternehmen in der Zukunft entwickeln?

- Was sind und werden unsere Märkte, Kunden und Marktsegmente sein?

- Wie stehen wir zu unseren Lieferanten?

- Was sind unsere wichtigsten Produkte, Leistungen heute und in der Zukunft?

- Was sind und werden künftig unsere wichtigsten wirtschaftlichen Erfolgsparameter sein?

- Was sind unsere Grundwerte, wie sieht die Unternehmensphilosophie aus?

Quelle: Weißmann, Fritz: Unternehmen steuern mit Controlling. Leitfaden und Toolbox für die Praxis. Berlin et al, 2005, S. 176.

ZITAT ZUM THEMA

„[..] Ihr Unternehmen wird sein Potenzial nicht einmal annähernd ausschöpfen, wenn die einzigen Leitlinien aus einer Aufzählung hübscher Gemeinplätze bestehen, die schön gerahmt im Foyer prangen."

Welch, Jack/Welch, Suzy: Winning. Das ist Management. Frankfurt/Main, 2005, S. 35.

Die Kontaktseite

Kontakt – von lat. contingere = „berühren", „anrühren".

Manche Webseiten sprühen geradezu vor informativen, verführerischen, überzeugenden und spritzigen Texten. Der Leser merkt, dass man sich um ihn bemüht, fühlt sich gut aufgehoben und beschließt, eine Anfrage abzuschicken. Er klickt auf „Kontakt" – und ist enttäuscht: Hier wartet lediglich ein nacktes Kontaktformular samt Button „Anfrage übermitteln" auf ihn. Keine Einladung zur Kontaktaufnahme, keine Telefonnummer, kein „Vielen Dank für Ihre Nachricht".

Das ist eine eiskalte virtuelle Dusche. Und die kann alle texterischen Bemühungen der übrigen Webseiten zunichtemachen. Mit einem Schlag.

Denken Sie immer daran: Die Kontaktseite ist die Stelle, an der der Leser wirklich mit Ihnen in Kontakt treten will, wo er sich die Mühe macht, zum Telefon zu greifen oder eine Mail zu formulieren. Er ist jetzt so stark von Ihnen überzeugt, dass er nähere Infos oder ein konkretes Angebot von Ihnen haben möchte. Das macht die Kontaktseite zu einer wichtigen Stellschraube, um die Konversionsrate Ihrer Website zu erhöhen. Hier dürfen Sie niemanden verprellen.

Deshalb: Gestalten Sie Ihre Kontaktseite durchdacht und einladend. Zeigen Sie dem User, dass Sie an ihm interessiert sind und dass Sie sich auf ihn freuen. Machen Sie Ihre Tür weit auf, rollen Sie den roten Teppich aus.

Hier einige Anregungen:

TIPPS

Sichtbar machen.

Führen Sie den Kontakt-Button nicht nur im Hauptmenü an, sondern auch an anderen sinnvollen Stellen, zum Beispiel am unteren Rand der Website oder als Box auf der rechten Seite. Sprechen Sie mit Ihrem Webdesigner, welche Möglichkeiten es in Ihrem speziellen Fall gibt.

Zum Kontakt auffordern.

Listen Sie nicht einfach nur Ihre Kontaktdaten auf. Sprechen Sie mit dem Leser, laden Sie ihn ein, sagen Sie ihm, dass er willkommen ist. Zum Beispiel:

Rufen Sie uns an oder senden Sie uns eine Mail. Wir sind gerne für Sie da.

… und was darf ich für Sie tun? Füllen Sie einfach das Kontaktformular aus – ich melde mich umgehend bei Ihnen!

Haben Sie Fragen zu unserem Angebot? Unsere Experten beraten Sie gerne. Rufen Sie uns einfach an oder mailen Sie uns.

Nutzen betonen.

Verstärken Sie noch einmal die Überzeugung des Users „Bei diesem Anbieter bin ich richtig, er wird mein Problem lösen". Wiederholen Sie dazu Ihren Hauptnutzen, zum Beispiel:

Tun Sie Ihrem Rücken etwas Gutes und vereinbaren Sie gleich einen Termin für eine wohltuende Heilstein-Massage.

Sprechen wir darüber, wie wir Ihre Energiekosten senken können. Ich freue mich auf Sie!

Sie wollen Ihre Karriere in neue Bahnen lenken? Klären wir die Details in einem kostenlosen Erstgespräch. Ich freue mich auf Ihre Email.

Kontaktdaten anführen.

Machen Sie es dem Interessenten so leicht wie möglich, Sie zu erreichen und zu besuchen. Hier finden Sie die wichtigsten Kontaktdaten – wählen Sie einfach jene aus, die zu Ihrem Unternehmen passen:

- Name
- Anschrift
- Telefon (inkl. internationaler Vorwahl, evt. kostenlose Service-Hotline)

- Mobiltelefon
- Fax
- Mail
- Social Media (Facebook, Twitter, XING ...)
- Skype
- Lageplan (mit Link zu Online-Routenplanern, Google Maps)
- Wegbeschreibung (auch für jene Kunden, die per Flugzeug, Bahn oder Bus anreisen; auch als PDF bereitstellen)
- Parkmöglichkeiten
- Öffnungs- bzw. Bürozeiten
- Ansprechpartner der wichtigsten Abteilungen (zum Beispiel Sekretariat, Verkauf, Personal, Service)

Reaktionszeiten angeben.

Interessenten wollen rasche Antworten – besonders im Internet. Um hier zu punkten, können Sie Ihre Reaktionszeiten auf Mail-Anfragen angeben. Zum Beispiel: „Wir melden uns innerhalb 24 Stunden bei Ihnen. Versprochen." Und wenn Sie diese Zeitspanne merklich unterbieten, sammeln Sie wahrscheinlich Bonuspunkte beim Anfrager.

Rückruf anbieten.

Ein netter Service, der den Interessenten erfreut. Ein Rückrufservice eignet sich zum Beispiel dann, wenn Sie telefonisch schwer erreichbar sind oder wenn Sie internationale Zielgruppen ansprechen.

Regelmäßig checken.

Überprüfen Sie Ihre Kontaktseite immer wieder. Denn es kann schnell passieren, dass die Anfragen nicht richtig übermittelt werden oder der Leser keine Bestätigungsnachricht erhält. Oder dass sich Durchwahlen, Email-Adressen und Ansprechpartner geändert haben.

FAZIT

Unterschätzen Sie niemals Ihre Kontaktseite – sie hat eine starke Signalwirkung. Denn sie zeigt, wie kundenorientiert Sie wirklich sind: Ob Sie offen auf Interessenten zugehen oder (unbewusst) Hürden aufbauen und damit vermitteln, dass Sie sich von Anfragen im Grunde gestört fühlen.

Und: Bitte packen Sie nicht alle meine Tipps gleichzeitig in Ihre Kontaktseite, sonst wirkt sie zu überladen und verwirrt mehr, als sie nützt. Überlegen Sie, was für Ihre Zielgruppe und Ihr Unternehmen praktikabel ist. Experimentieren Sie ruhig und bestimmen Sie anhand Ihrer Webstatistik die erfolgreichste Lösung.

SPEZIALTIPP

Ein Kontaktformular verwenden.

Viele – vor allem mittlere und größere Unternehmen – nutzen ein Anfrageformular auf ihrer Kontaktseite. Vielleicht ist das auch für Sie eine geeignete Lösung? Denken Sie mal drüber nach und besprechen Sie sich mit Ihrem Webdesigner.

Die Vorteile.

- Die Anfrage gelangt sofort in die zuständige Abteilung.

- Sie können interessante Infos über den Anfrager einholen (zum Beispiel, wie er von Ihnen erfahren hat – etwa über Twitter, Facebook, Google, Printanzeige etc.).

- Der Interessent erhält eine automatische Bestätigung und weiß, dass seine Nachricht verlässlich bearbeitet wird.

- Über diese Bestätigungsnachricht können Sie sich gleichzeitig bedanken und dem Leser weiterführende Links zu White Papers, Veranstaltungen etc. übermitteln. So überbrücken Sie seine Wartezeit und festigen gleichzeitig seine Bindung zu Ihrem Unternehmen.

Der Aufbau.

- Erfragen Sie nur das Nötigste (Name, Mailadresse, Anliegen). Alles weitere sollte optional sein (zum Beispiel Adresse, Geschlecht, Alter, ist ein Rückruf gewünscht, über welche Quelle ist der Anfrager auf Ihre Website gelangt etc.).

- Wenn Sie zu viele Infos abfragen, fühlt sich der User ausspioniert – und das schadet Ihrem Ruf.

- Je nach Größe und Aufbau Ihres Unternehmens können Sie verschiedene Auswahlboxen nutzen (zum Beispiel: „Worüber möchten Sie mehr erfahren? – Produkte, Karriere, Unternehmen allgemein, Investor Relations").

- Vergessen Sie nicht die Bestätigung, dass die Anfrage bearbeitet wird. Sonst weiß der User nicht, ob seine Nachricht fehlerfrei übermittelt wurde.

Das Impressum

Alles drin, alles dran.

Ein gesetzeskonformes Impressum ist Pflicht. Bei Webseiten von Vereinen ebenso wie von Fotografen oder Mittelständlern. Und trotzdem tauchen immer wieder bzw. immer noch Impressen auf, in denen wichtige Informationen fehlen – ein gefundenes Fressen für Wettbewerber und Anwälte auf Abmahntour.

Informieren Sie sich deshalb ausführlich, welche Angaben bei Ihrer Unternehmensform in die Anbieterkennzeichnung aufgenommen werden müssen. Letztlich sind Sie für ein abmahnsicheres Impressum verantwortlich – nicht Ihr Webdesigner.

Gesetzliche Grundlage für die Anbieterkennzeichnung ist in Deutschland das Telemediengesetz (TMG). Wenn Ihre Webseite auch journalistisch-redaktionell gestaltete Inhalte enthält, müssen Sie zusätzlich den Staatsvertrag für Rundfunk und Telemedien (RStV) beachten.

Art und Umfang der Angaben hängen von Ihrem Beruf und der Rechtsform Ihres Unternehmens ab – und können somit höchst unterschiedlich ausfallen.

Deswegen finden Sie in diesem Kapitel keine detaillierten Anleitungen für Ihr Impressum, sondern Links zu ausführlichen Rechtsquellen. So können Sie sicher sein, immer die aktuellsten Rechtsvorschriften zu erfüllen.

TIPPS

Platzierung des Impressums.

Verstecken Sie Ihr Impressum nicht. Denn es muss unmittelbar erreichbar, leicht erkennbar und ständig verfügbar sein. In den Allgemeinen Geschäftsbedingungen hat es somit nichts zu suchen. Nehmen Sie das Impressum am besten in Ihre Hauptnavigation auf – so ist es von allen Unterseiten aus erreichbar.

Infoquellen.

Telemediengesetz:

- Überblick: de.wikipedia.org/wiki/Telemediengesetz
- Originaltext: www.gesetze-im-internet.de/tmg/

Staatsvertrag für Rundfunk und Telemedien:

- Originaltext: www.juraforum.de/gesetze/rstvni/

Überblick, Urteile, Muster zu Impressen:

- www.impressum-recht.de/index.html
- www.it-recht-kanzlei.de/impressum.html

Generatoren.

Im Internet finden Sie nicht nur Musterbeispiele für Impressen. Sie können auch einen virtuellen Generator verwenden, der aus Ihren persönlichen Angaben ein individuelles Impressum erstellt. Schritt für Schritt und mit ausführlichen Begleittexten versehen.

- www.e-recht24.de/impressum-generator.html
- www.net-and-law.de/de/netlaw/webimpressum/index.php

FAZIT

Informieren Sie sich genau, welche Informationen in Ihrem Fall ins Impressum gehören. Diese Kennzeichnung macht Sie als Anbieter im geschäftlichen Kontakt identifizierbar. Prüfen Sie auch regelmäßig, ob Ihr Impressum noch den aktuellen Regelungen entspricht und machen Sie lieber eine Angabe zu viel als zu wenig. Sicher ist sicher.

SPEZIALTIPP

Noch mehr Rechtliches.

Das Impressum ist nicht die einzige Rechtsvorschrift, die Sie beachten müssen. Leider. Von der Wahl der Domain über die Bestimmungen bei Online-Shops bis hin zu Datenschutz und AGB – das Internetrecht ist eine umfassende und oft verwirrende Materie.

Ich habe einige übersichtliche Rechtsquellen für Sie zusammengestellt:

- IT-Rechtsthemen: www.it-recht-kanzlei.de/Rechtsthemen.php

- F&A: www.recht-gehabt.de/ratgeber/meine-rechte-als-webmaster

- Barkemeyer, Jens: Praxisleitfaden zu den rechtlichen Fallstricken bei der Gestaltung von Websites und Online-Shops. Dresden, 2010.

-Schirmbacher, Martin: Online-Marketing und Recht. Heidelberg et al, 2011.

- Sieber, Sören: Die rechtssichere Website. Praxisleitfaden für die eigene Webpräsenz. eBook auf www.e-recht24.de/insidepaper2.html

Den Besucher binden

Worum geht's

Schnell da, schnell wieder weg. Das ist das typische Verhalten von Webnutzern. Wer auf Ihren Internetseiten nichts findet, was ihm weiterhilft, verschwindet auf Nimmerwiedersehen und sieht sich bei Ihren Konkurrenten um.

Deshalb sind gute Texte, nützliche Infos, Handlungsaufforderungen usw. so wichtig. Sie veranlassen den Leser zum Bleiben.

Doch nur ein Teil der Nutzer ist gleich beim ersten Besuch so von Ihrem Angebot überzeugt bzw. braucht es so dringend, dass er sich sofort bei Ihnen meldet. Deshalb müssen Sie versuchen, diese Interessenten und potenziellen Kunden an Ihr Unternehmen zu binden …

Newsbereich

Was gibt es Neues?

Die harte Wirklichkeit sieht wahrscheinlich so aus: Die Mehrheit Ihrer Besucher kennt Sie (noch) nicht, muss sich erst mit Ihnen und Ihrem Angebot vertraut machen und wird sich daher kaum für Neuigkeiten aus Ihrem Unternehmen interessieren.

Aber: Wer von Ihrem Angebot angetan ist, wird sich durch Ihre einzelnen Seiten klicken, sich genauer über Sie informieren und über die aktuellen Einblicke in Ihr Unternehmensgeschehen eine noch stärkere Bindung zu Ihnen aufbauen. Und das erhöht die Chancen, dass aus einem anonymen Webbesucher ein echter Interessent oder Kunde wird.

Wenn Ihnen also ein separater Blog zu aufwändig ist, sprechen Sie mit Ihrem Webdesigner über einen Newsbereich auf Ihrer Webseite. Ihr Webmensch wird Ihnen Möglichkeiten zeigen, wie Sie auch als Laie problemlos Inhalte einpflegen können.

Aber: Gestalten Sie die Newssektion nicht zu dominant – verwenden Sie zum Beispiel nicht die ganze Einstiegsseite für Ihre Neuigkeiten. Denn schließlich kommen die Webbesucher aufgrund Ihres Angebotes; sie suchen nach bestimmten Informationen und interessieren sich erst in zweiter Linie für Ihre Filialeröffnungen, Pressekonferenzen oder strategischen Partnerschaften.

Der User muss nach wie vor das Gefühl haben, dass es um ihn geht, um seine Probleme und deren Lösung. Achten Sie daher darauf, dass Sie auch Ihre News kundenzentriert gestalten. Fragen Sie sich immer: „Was bringt diese Neuigkeit dem Kunden?“ Und halten Sie die Meldungen kurz und knackig.

Noch ein paar Überlegungen dazu:

Vorteile.

- Ein gut gepflegter Newsbereich zeigt dem Webbesucher, dass Sie eine engagierte Firma sind und sich auch um (scheinbar!) nebensächliche Dinge kümmern. Und das ist gut für Ihr Image.

- Ein Newsbereich beweist auch, dass sich in Ihrer Firma etwas tut, dass Sie wachsen, neue Geschäftsfelder erschließen, wichtige Kunden an Land ziehen usw. Sie strahlen Erfolg aus.

- Menschen mögen Neuigkeiten. Denn diese versprechen Anregung und Abwechslung – nicht zuletzt gehört das Wort „neu" zu den zugkräftigsten Begriffen in der Werbesprache.

- Suchmaschinen mögen Neuigkeiten ebenfalls. Wenn Sie Ihren Internetauftritt regelmäßig aktualisieren, verbessern Sie Ihr Ranking in den Trefferlisten.

- Wer sich intensiv mit Ihrem Unternehmen auseinandersetzen möchte – zum Beispiel Bewerber oder Investoren –, erhält durch Ihre News und Ihr News-Archiv ein gutes Bild der Unternehmensentwicklung.

Inhalte.

Auch in kleinen Firmen oder bei Freiberuflern gibt es genügend Neuigkeiten, deren Veröffentlichung sich lohnt – sei es, weil sie dem Leser konkreten Nutzen bieten, sei es, weil sie einfach gut fürs Image sind.

Zum Beispiel:

- Stellenangebote
- Messetermine
- spezielle Produktangebote
- Ausweitung der Produktpalette, neue Services
- Tag der offenen Tür
- Jubiläen
- neue Downloads (White Papers, Fachartikel, Mitschnitte von Vorträgen …)
- neue Blogartikel oder Podcasts
- neue Mitarbeiter
- neue Großkunden

- Joint Ventures, Partnerschaften
- Filialeröffnungen
- Presseberichte
- Ehrungen, Auszeichnungen, Prämierungen
- Ankündigung von Vorträgen und Seminaren

FAZIT

Denken Sie einfach mal darüber nach, ob eine News Section zu Ihrer Branche und Unternehmensgröße passt oder ob Sie doch lieber einen Blog starten und wie Sie Ihre Meldungen auch über Social Media bzw. Newsletter verbreiten können.

Wichtig ist auf jeden Fall: Aktualisieren Sie Ihre News regelmäßig. Eine verwaiste Website signalisiert: Wir scheren uns nicht um unser Image, die Webbesucher sind uns egal, wir haben Wichtigeres zu tun, als uns um neue Kunden aus dem Internet zu kümmern. Oder – noch schlimmer: Aus unserer Firma gibt es nichts mehr zu melden, sie geht gerade den Bach runter.

Downloads

Kleine Geschenke erfreuen die Leser.

Sie haben Ihren Webbesuchern viel zu sagen? Sie brennen darauf, ihnen hilfreiche Tipps mit auf den Weg zu geben und sie von Ihrer Kompetenz zu überzeugen? Wunderbar.

Dann überlegen Sie, welche Downloads – zum Lesen, Hören oder Anschauen – Sie auf Ihrer Webseite anbieten können. Praktische Arbeitshilfen, wertvolles Insiderwissen und umfassende Checklisten sind stets willkommen. Vor allem, wenn sie gratis sind.

TIPPS

Vorteile.

- Mit gut gemachten Downloads beweisen Sie nicht nur Ihre Kompetenz, sondern auch Ihre Fähigkeit zur verständlichen Kommunikation. Plus eine sympathische Großzügigkeit und den Willen, anderen zu helfen – und das kommt immer gut an.

- Der Leser kann hochwertige Downloads in Windeseile über seine virtuellen Netzwerke verbreiten – so entstehen virale Effekte, die Ihrem Umsatz gut tun.

- Downloads lassen sich auch offline einfach und schnell weiterreichen. Ein interessantes PDF ist rasch ausgedruckt und kann bequem ins nächste Meeting mitgenommen oder mit Kollegen besprochen werden.

Inhalte.

Welche Informationen Sie zum Download anbieten, können Sie frei entscheiden. Ebenso die Form der Darstellung: vom simplen PDF bis zu längeren Videos oder Hörbüchern ist alles möglich. Um die verschiedenen Wahrnehmungstypen anzusprechen – manche lesen lieber, manche nehmen neues Wissen besser durch Zuhören auf –, können Sie die gleichen Inhalte in verschiedenen Formaten aufbereiten. Zum Beispiel einen Podcast plus Transkript.

Was sich zum Runterladen eignet:

- Fachartikel
- Skripte
- Präsentationen
- Mitschriften/Mitschnitte von Radiointerviews oder Vorträgen
- Podcasts (Audio/Video)
- White Papers
- eBooks
- Buchauszüge
- Fallstudien
- Presseberichte/Interviews
- Checklisten
- kleine Programme
- Testversionen
- Broschüren
- Testberichte

Nicht hinterm Berg halten.

Geben Sie ausschließlich hochwertige Inhalte weiter. Handeln Sie nicht nach der Maxime: „Ein paar oberflächliche Artikel werden schon reichen. Ich kann ja nicht mein ganzes Wissen verschenken. Außerdem: Wenn der Leser mehr wissen will, wird er sich schon melden."

Doch das wird höchstwahrscheinlich nicht passieren. Im Gegenteil: Der Leser wird von Ihren halbherzigen Infos enttäuscht sein – und verärgert, weil Sie seine kostbare Zeit verschwendet haben. Und er wird nicht den Eindruck gewinnen, dass Sie ein kompetenter Experte sind, sondern einer, der mit Halbwissen glänzen will.

Lizenz zum Weitergeben.

Wer Ihre Downloads gut findet, möchte sie gerne weitergeben – an Kollegen, Freunde, Geschäftspartner – oder sie auf dem eigenen Blog oder im eigenen Newsletter veröffentlichen. Das geht schon in Richtung virales Marketing und etwas Besseres kann Ihnen gar nicht passieren.

Erlauben Sie daher eine solche Weiterverwertung ausdrücklich; weisen Sie darauf hin, dass zum Beispiel Ihre Checklisten unter Angabe Ihrer Kontaktdaten verwendet werden dürfen. Oder gehen Sie einen Schritt weiter und fordern Sie Ihre Leser zur Weitergabe auf. So können sich Ihre Downloads als „Botschafter Ihrer Kompetenz" ganz von selbst verbreiten und neue Kunden bringen.

FAZIT

Geben Sie etwas von Ihrem Wissen weiter – als kostenlose, hochwertige Downloads. Das stärkt Ihr Image als vertrauenswürdiger Anbieter, der bestrebt ist, seinen Kunden tatkräftig unter die Arme zu greifen. Seien Sie kreativ, was Art und Umfang der Downloads betrifft und fragen Sie sich immer: Was nützt meiner Zielgruppe, was bringt sie weiter?

SPEZIALTIPP 1

Neue Kunden gewinnen mit Fachartikeln.

Eine Variante von Downloads eignet sich für jedes Unternehmen und jede Branche: Fachartikel. Wer kostenlose Fachbeiträge veröffentlicht, erwirbt sich den Ruf eines Experten – und das führt zu steigenden Umsätzen.

Wichtig ist vor allem ein überzeugender Inhalt. Bringen Sie nur solche Infos, die dem Leser wirklich nützen und die er problemlos versteht. Geben Sie Praxistipps, plaudern Sie aus der Schule. Bieten Sie eine neue Sicht auf ein altes Problem, beschreiben Sie ungewöhnliche Lösungen. Der Leser muss immer das Gefühl haben, dass er etwas Neues lernt.

Finden Sie heraus, welche Themen Ihre Kunden besonders interessieren. Welche Antworten suchen sie, welche Begriffe googeln sie? Versuchen Sie, die Fragen der Leser zu erahnen und eingehend zu beantworten. Schreiben Sie so, als ob Sie sich mit einem Interessenten unterhalten würden.

Worauf Sie außerdem achten sollten:

Aussagekräftiger Titel.

Der Leser soll schnell erkennen, was ihm der Artikel bietet und er soll sich zur Lektüre eingeladen fühlen.

Dazu eignen sich Formulierungen wie „Die besten Tipps für …" oder „5 Empfehlungen für …" besonders gut – sie versprechen wertvolle Informationen, verständlich aufbereitet.

Zum Beispiel:

- Milchproduktion: Wie Ihre Kühe doppelt so viel Milch geben
- 10 Tipps für Bewerbungsgespräche
- Zukunftsvorsorge: Warum Sie noch heute damit beginnen sollten
- Stock Picking – die 5 erfolgreichsten Strategien

Keine Werbung.

Denken Sie daran: Es geht um den Leser und seine Bedürfnisse, nicht um Ihr Unternehmen und Ihr Produkt. Bieten Sie dem Leser praktische Hilfestellung und vermeiden Sie plumpe Werbung. Sprechen Sie den Leser direkt mit „Sie" an. Damit zeigen Sie, dass Sie seine Unsicherheiten und Nöte verstehen. Sie signalisieren, dass Sie auf seiner Seite sind – der Leser vertraut Ihnen.

Einfach und verständlich.

Wie für alle guten Texte gilt: Schreiben Sie verständlich und vermeiden Sie – so weit wie möglich – Fremdwörter und Fachsprache. Drücken Sie sich so aus, dass Sie der Durchschnittsleser versteht. Denn Sie schreiben weder für eine wissenschaftliche Vereinigung noch für einen literarischen Zirkel.

Bringen Sie Beispiele aus dem Berufsalltag und berichten Sie über persönliche Erfahrungen – das macht Ihren Text lebendig.

SPEZIALTIPP 2

Neue Kunden gewinnen mit kostenlosen eBooks.

Kostenlose eBooks stehen nach wie vor hoch im Kurs. Sie eignen sich wunderbar, um neue Kunden auf sich aufmerksam zu machen, Vertrauen zu bilden und den eigenen Ruf zu festigen.

Und: So ein Gratis-eBook muss nicht lang sein, 10 oder 20 informative (!) Seiten genügen. Das Planen und Schreiben dauert also nicht allzu lange.

Bieten Sie bereits ein kostenloses eBook zum Download an? Wenn nicht, dann habe ich einige Tipps und Empfehlungen für Sie:

Lösen Sie ein Kundenproblem.

Verwechseln Sie ein eBook nicht mit einer Werbebroschüre. Ein eBook ist für die Akquise nur dann hilfreich, wenn es dem Leser hilft, ein spezielles Problem zu lösen – andernfalls stehlen Sie ihm nur seine Zeit. Suchen Sie sich deshalb ein Thema, von dem Sie wissen, dass es Ihrer Zielgruppe unter den Nägeln brennt.

Einige Beispiele:

- Warum sich Bücher schreiben für Coaches und Berater lohnt
- Wie Sie den perfekten Kompost erzeugen
- 101 Marketing-Tipps für Biobauern

Halten Sie das eBook aktuell.

Vielleicht greifen Sie in Ihrem eBook ein brandheißes Thema auf – etwa die neuesten Änderungen im Google-Algorithmus. Dann ist es wichtig, dass der Buchinhalt stets auf dem letzten Stand ist. Fügen Sie dazu immer das Datum der letzten Änderung ein und weisen Sie die Leser darauf hin, dass das eBook laufend aktualisiert wird.

Halten Sie auch Ihre Autorenseite im eBook aktuell. Wann immer Sie hier neue Leistungen oder Produkte bewerben wollen, frischen Sie den Text entsprechend auf. Und prüfen Sie auch regelmäßig die Links, die Sie gesetzt haben.

Kooperieren Sie.

Wenn Sie mit anderen Unternehmen eng zusammenarbeiten, dann lassen Sie doch auch diese zu Wort kommen. So unterstützen Sie sich gegenseitig bei der Akquise und bieten den Lesern umfassende Lösungen. Das gilt zum Beispiel für den Programmierer einer Shopsoftware, dessen Geschäftspartner den Lesern Tipps zur Usability gibt. Oder für den Tourismusberater, der ein eBook für das Marketing von Familienhotels herausgibt und dazu seinen Fotografen zum Thema Bildsprache interviewt.

Nur gegen Email-Adresse?

Ein kostenloses eBook ist das klassische Begrüßungsgeschenk für Newsletter-Abonnenten; es dient als Anreiz, sich in die Liste einzutragen. Für Sie als Autor hat das natürlich zwei Seiten: Einerseits können Sie durch ein gehaltvolles eBook tatsächlich eine ganze Reihe von qualifizierten Newsletter-Lesern gewinnen.

Wenn Sie andererseits Ihr Buch nur im Austausch gegen die Email-Adresse weitergeben, verlieren Sie potenzielle Interessenten, die – aus welchen Gründen auch immer – generell kaum Newsletter bestellen. Der viralen Verbreitung Ihres eBooks sind so Grenzen gesetzt.

ZITAT ZUM THEMA

„Provide such helpful and credible advice, guidance, and support that your visitors never ever go searching on that topic again."

Jacobson, Howie: AdWords for Dummies. Hoboken, 2007, S. 239.

Newsletter

Besucher zu Stammgästen machen.

Newsletter gehören schon fast zum guten Ton in der virtuellen Welt – kaum ein Unternehmen, das nicht regelmäßig etwas von sich hören lässt.

Die Vorteile? Newsletter eignen sich ausgezeichnet zur Kundenbindung. Sie sorgen dafür, dass Sie mit interessierten Webbesuchern in Kontakt bleiben und schrittweise Vertrauen aufbauen. Und das ist die Grundlage für neue Aufträge und mehr Umsatz.

Die Voraussetzungen dafür sind durchdachte Inhalte, die richtigen Versandintervalle, attraktive Betreffzeilen usw. – allesamt Dinge, die den Rahmen dieses Buches sprengen würden.

Hier soll es darum gehen, wie Sie Webtexte gestalten, die Ihnen mehr Newsletter-Abonnenten bringen:

TIPPS

Den Weg ebnen.

Achten Sie darauf, dass das Anmeldeformular entweder auf jeder Seite integriert, gut verlinkt oder leicht über die Navigationsleiste auffindbar ist – zum Beispiel unter „Newsletter“ oder „Neues“. Verzichten Sie auf missverständliche Begriffe wie „Informationen“ oder „Trendbrief“.

Sorgen Sie auch dafür, dass sich die Interessenten nicht erst mühsam zur Eingabemaske durchklicken müssen – Sie riskieren dabei, mit jedem zusätzlichen Klick potenzielle Abonnenten zu verlieren. Gestalten Sie die Anmeldung so schnell und einfach wie möglich.

Attraktive Anreize bieten.

Ob nützliche eBooks, exklusive Infos oder Online-Kurse – mit kostenlosen Angeboten gewinnen Sie mehr neue Abonnenten. Wichtig dabei: Der Anreiz muss qualitativ hochwertig und für den künftigen Newsletter-Abonnenten relevant sein. Nur so stellen Sie sicher, dass sich die passende Zielgruppe in Ihren Verteiler einträgt. Sie können hier auch mit zeitlich begrenzten Angeboten experimentieren.

Vorteile betonen.

Beschreiben Sie, was die Leser bei Ihrem Newsletter erwartet und welche Vorteile sie von einem Abo haben – zum Beispiel nützliche Experten-Tipps, exklusive Vorab-Informationen oder versandkostenfreie Produkt-Bestellungen. Sie können auch auf ältere Newsletter-Ausgaben verlinken oder auf die Erscheinungsfrequenz hinweisen.

Testimonials nutzen.

Setzen Sie auch bei Ihrem Newsletter auf die Vertrauen fördernde Wirkung von zufriedenen Kunden beziehungsweise Lesern. Lassen Sie ein paar Abonnenten darüber berichten, welchen Nutzen sie aus Ihren Artikeln ziehen und warum man Ihren Newsletter abonnieren sollte.

Nur die nötigsten Daten abfragen.

Wenn Sie in Ihrem Anmeldeformular persönliche Informationen wie Adresse, Telefonnummer und Geburtsdatum abfragen, dürfen Sie sich nicht über geringe Anmeldezahlen wundern. Das einzig verpflichtende Feld sollte die Email-Adresse sein; für personalisierte Newsletter ist die freiwillige Angabe von Name und Geschlecht sinnvoll.

Empfehlenswert sind auch Hinweise auf Datenverwendung, Datenschutz und die Möglichkeit zum Abbestellen – so schaffen Sie zusätzlich Vertrauen.

FAZIT

Wenn Sie einen Newsletter anbieten, ist Ihre Webseite die wichtigste Quelle für neue Leser. Gestalten Sie das Anmelden möglichst einfach und bringen Sie überzeugende Gründe, warum Ihre Besucher noch einen weiteren Newsletter bestellen (und lesen!) sollten.

Denken Sie auch an die grafische Gestaltung: Arbeiten Sie mit Buttons (zum Beispiel mit der Aufschrift „Jetzt Newsletter abonnieren"), experimentieren Sie mit verschiedenen Größen, Farben und Platzierungen und lassen Sie sich von Ihrem Webdesigner beraten.

Checklisten

Worum geht's

Irgendwann kommt er: der Punkt, an dem nichts mehr geht. Wenn Sie tage- oder wochenlang an Ihrem Webtext arbeiten, ist die Betriebsblindheit nicht mehr weit. Ihnen fällt es immer schwerer, die Qualität des eigenen Textes zu beurteilen, zu überprüfen, ob Sie die Regeln verständlichen Schreibens ebenso angewendet haben wie die optimale Keyword-Dichte, die Handlungsaufforderungen oder Überschriften, die nicht nur gut klingen, sondern auch Inhalte transportieren.

Kurz: Texte fürs Web sind eine vielschichtige Angelegenheit und sollten zum Schluss unbedingt nochmal kontrolliert werden.

Nutzen Sie dazu die folgenden Checklisten …

Texten für Menschen

Haben Sie überflüssige Wörter und Sätze gestrichen?

Verzichten Sie auf unnötige Fremdwörter und Fachausdrücke?

Sind Ihre Texte floskelfrei?

Schreiben Sie bildhaft und konkret?

Haben Sie Passivkonstruktionen durch aktive Formulierungen ersetzt?

Haben Sie Hilfsverben und den Konjunktiv verbannt?

Formulieren Sie so treffend und exakt wie möglich?

Wiederholen sich Ihre Formulierungen auf jeder Seite?

Entstehen Bilder im Kopf des Lesers?

Klingen Sie freundlich-sympathisch oder distanziert-abgehoben?

Finden sich in Ihren Texten logische Fehler?

Sind Ihre Argumente lückenlos und nachvollziehbar?

Geben Sie den Lesern genügend Infos?

Was überwiegt: „Sie“ oder „wir“?

Sind emotionale und informative Inhalte im Gleichgewicht?

Bringen Sie das Wichtigste zuerst („Trichterprinzip“)?

Nutzen Sie Aufzählungen, Listen, Hervorhebungen?

Haben Sie sich Ihre Texte schon mal laut vorgelesen?

Sind Ihre Texte frei von Rechtschreib- und Grammatikfehlern?

Lassen Sie Ihre Texte zum Abschluss professionell lektorieren?

Texten für Suchmaschinen

Enthält Ihre Webseite ausschließlich hochwertigen Unique Content?

Haben Sie Produkttexte von Herstellern umformuliert?

Haben Sie Ihre Keywords ausreichend analysiert?

Haben Sie nur Keywords ausgewählt, bei denen die Konkurrenz überschaubar ist?

Verwenden Sie auch sinnverwandte Ausdrücke und Wortgruppen?

Halten Sie die ideale Keyword-Dichte ein?

Haben Sie jede Unterseite auf maximal drei verschiedene Keywords optimiert?

Haben Sie die Schlüsselwörter richtig platziert?

Haben Sie auch an Seitentitel und Beschreibung gedacht?

Haben Sie für jede Unterseite unterschiedliche Titel und Beschreibungen verfasst?

Sind die Beschreibungen einladend und verkaufswirksam getextet (80 bis 150 Zeichen)?

Haben Sie Ihre Keywords auch in Dateinamen von Grafiken und Fotos integriert?

Und ebenso in interne Links und Überschriften?

Haben Sie gecheckt, ob alle Links funktionieren?

Texten mit Wirkung

Fokussieren Sie auf den Nutzen der Leser?

Beantworten Sie die Leserfrage „… und was habe ich davon"?

Übersetzen Sie Produktmerkmale in Vorteile und Nutzen?

Sprechen Sie die zentralen Kaufmotive Ihrer Zielgruppe an?

Verwenden Sie Formulierungen, die auf diese Kaufmotive einzahlen?

Vermitteln Sie Glaubwürdigkeit?

Führen Sie Auszeichnungen an, Zertifizierungen, Publikationen etc.?

Fordern Sie zum Handeln auf?

Führen Sie einen klaren Call to Action auf verschiedenen Unterseiten an?

Versehen Sie den Call to Action mit Telefonnummer oder Mailadresse?

Räumen Sie handlungshemmende Unsicherheiten aus dem Weg?

Erzeugen Sie Dringlichkeit?

Sagen Sie dem Leser, was er davon hat, wenn er sich bei Ihnen meldet?

Texten mit System

Startseite

Beantworten Sie die wichtigsten Leserfragen?

. Was machen Sie?
. Was machen Sie besser als andere?
. Was habe ich davon?
. Warum sollte ich Ihnen vertrauen?
. Was soll ich jetzt tun?

Informieren Sie oder verkaufen Sie mit dem Holzhammer?

Ist die Startseite leicht und schnell zu lesen?

Nutzen Sie Aufzählungen, verlinken Sie auf Unterseiten?

Verwenden Sie kurze Testimonials, Medienstatements oder Auszeichnungen?

Führen Sie Ihren Standort an?

Leistungen

Geht es um den Leser oder um Ihre Produkte?

Formulieren Sie Ihre Überschriften kurz, klar, konkret?

Übersetzen Sie die Produkteigenschaften in greifbaren Nutzen?

Entkräften Sie kaufhemmende Einwände durch kluge Argumentation?

Gliedern Sie Ihren Text übersichtlich?

Bauen Sie aussagekräftige Testimonials in den Text ein?

Haben Sie die Handlungsaufforderung deutlich formuliert?

Zeigen Sie Kundenorientierung durch hilfreiche F&A?

Wissen auch Quereinsteiger, worum es geht?

Referenzen

Ist Ihre Kunden- und Projektliste aktuell?

Sind die Kunden mit ihrer Nennung einverstanden?

Haben Sie Ihre jeweiligen Leistungen kurz umrissen?

Entsprechen diese Leistungen Ihren Kernkompetenzen?

Bringen Sie Fallstudien?

Inkludieren Sie aussagekräftige Kundenmeinungen?

Über uns

Stellen Sie sich so dar, wie Sie gerne gesehen werden möchten?

Was erfährt der Leser über Ihre Qualifikation und Motivation?

Wirken Sie offen oder eher zugeknöpft?

Bauen Sie Vertrauen auf oder verunsichern Sie den Leser?

Geben Sie zu viel von sich preis?

Was erfahren die Wettbewerber und die Presse über Sie?

Entspricht Ihre Selbstdarstellung dem Image, das Sie auf den restlichen Seiten vermitteln?

Ist Ihr Schreibstil locker und freundlich?

Beantworten Sie die W-Fragen: wer, was, wann, wie und wieso?

Stellen Sie eine Verbindung her zwischen Berufs- und Privatleben?

Bekräftigen Ihre Angaben, dass Sie der geeignetste Anbieter für Ihre Leser sind?

Gibt es weiterführende Downloads?

Sind die Fotos hochwertig und aktuell?

Haben Sie Testimonials inkludiert?

Call to Action nicht vergessen!

Philosophie

Vermitteln Sie Ihre Botschaft in wenigen Sätzen?

Beantworten Sie die zentralen Fragen?

. Was ist der Zweck Ihres Unternehmens?
. Welche Produkte und Dienstleistungen liefern Sie?
. Welche Werte leben Sie?

Formulieren Sie realitätsbezogen oder abgehoben-schwammig?

Ist Ihr Mission Statement kraftvoll, bestärkt es den Kunden in seiner Kaufentscheidung?

Kontakt

Findet der User all Ihre Kontaktdaten schnell und einfach?

Laden Sie freundlich zur Kontaktaufnahme ein?

Betonen Sie den Nutzen einer Kontaktaufnahme?

Haben Sie an Lageplan, Öffnungszeiten und Wegbeschreibung gedacht?

Bieten Sie einen Rückruf-Service?

Haben Sie die Ansprechpartner angeführt?

Geben Sie an, wie schnell der User mit einer Antwort rechnen kann?

Verlangt das Kontaktformular nur die nötigsten Kundendaten?

Erhält der Webbesucher eine automatische Anfrage-Bestätigung?

Haben Sie gecheckt, ob das Formular funktioniert?

Impressum

Enthält Ihr Impressum alle erforderlichen Angaben?

Entspricht es der aktuellen Rechtslage?

Texten für die Leserbindung

Newsbereich

Ist geklärt, wer den Newsbereich regelmäßig befüllt?

Sind schon Inhalte eingepflegt, bevor die Webseite online geht?

Ist mit der Geschäftsleitung abgesprochen, welche Infos diese Sektion enthalten soll?

Downloads

Haben Sie schon Downloads vorbereitet, die Ihr Webdesigner einpflegen kann?

Sind die Fachartikel, Fallstudien, Checklisten etc. ansprechend formatiert?

Sind alle Downloads mit Ihren Kontaktdaten und einer Autoreninfo versehen?

Sind die Texte fehlerfrei?

Weisen Sie in den Texten darauf hin, dass sie der Leser weitergeben darf?

Newsletter

Ist das Anmeldeformular gut auffindbar?

Fragen Sie nur die nötigsten Leserdaten ab?

Bieten Sie einen besonderen Anreiz, ein Begrüßungsgeschenk für neue Leser?

Betonen Sie die Vorteile eines Newsletter-Abos?

Bringen Sie die Meinungen von zufriedenen Abonnenten?

Stellen Sie ältere Newsletter als Ansichtsexemplare zur Verfügung?

Informieren Sie den Leser, wie oft Ihr Newsletter erscheint?

Haben Sie sich schon um die Software für den Newsletter-Versand gekümmert?

Funktioniert das Anmeldeformular?

Fertig!

Jetzt kann's losgehen.

Sie kennen nun die wichtigsten Werkzeuge für starken Webtext. Sie wissen, worauf es bei Online-Texten ankommt und wie Sie die spezifischen Seiten Ihrer Webpräsenz verfassen. Und Sie haben Checklisten zur Hand, mit denen Sie Ihre fertigen Texte überprüfen.

So gelingt Ihnen ein Webauftritt, der Ihnen einen Vorsprung gegenüber der Konkurrenz verschafft. Denn auch wenn es unzählige Internetauftritte gibt – wirklich gut getextet sind die wenigsten.

Noch ein Tipp zum Schluss: Lassen Sie sich Zeit, holen Sie sich Feedback von außen und verfeinern Sie Ihre Texte laufend. So optimieren Sie Ihre Website Stück für Stück und gewinnen immer mehr Kunden.

Und nun: Texten Sie los!

Literatur

Barkemeyer, Jens: Praxisleitfaden zu den rechtlichen Fallstricken bei der Gestaltung von Websites und Online-Shops. Dresden, 2010.

Boos, Evelyn: Das große Buch der Kreativitätstechniken. München, 2007.

Charlesworth, Alan: Internet Marketing. A Practical Approach. Burlington, 2009.

Förster, Hans-Peter: Texten wie ein Profi. Frankfurt/Main, 2000.

Goodman, Andrew: Google AdWords. Erreichen Sie Millionen gezielter neuer Kundenkontakte. Berlin, 2010.

Gottschling, Stefan: Stark texten, mehr verkaufen. Kunden finden, Kunden binden mit Mailing, Web & Co. Wiesbaden, 2004.

Gutheim, Philipp: Der Webdesign-Praxisguide. Professionelle Konzeption von der Planung bis zur Promotion. Berlin – Heidelberg, 2008.

Hager, Reiner: So schreibt man Briefe, die verkaufen. Der sichere Weg zu erfolgreichen Werbebriefen. Landsberg am Lech, 1989.

Haller, Heiko et al: Google Analytics & Co. Methoden der Webanalyse professionell anwenden. München, 2010.

Hartwig, Heinz: Wirksames Werbetexten. Die Kunst mit Worten zu verkaufen. München, 1992.

Jacobson, Howie: AdWords for Dummies. Hoboken, 2007.

Kilian, Thomas: Der Igel-Faktor. Erfolgreiche Neukunden-Gewinnung im Internet. Göttingen, 2009.

Lackerbauer, Ingo: Handbuch für Online-Texter und Online-Redakteure. Berlin u. a., 2003.

McCraigh, Jim: How to Write Words That Sell. Goodyear, 2005.

Monzel, Monika: 99 Tipps für erfolgreiche Werbung. Berlin, 2006.

Nielsen, Jakob/Loranger, Hoa: Web Usability. München, 2008.

Noack, Karsten: Kreativitätstechniken. Schöpferisches Potenzial entwickeln und nutzen. Berlin, 2008.

Schneider, Wolf: Deutsch für Kenner. Die neue Stilkunde. München, 2006.

Stolpmann, Markus/Schoolmann, Gerhard: Wie gestalten wir unsere Website? Die wirkungsvolle und kostengünstige Online-Präsenz für Hotel und Gastronomie. Heidelberg, 2007.

Thesmann, Stephan: Einführung in das Design multimedialer Webanwendungen. Wiesbaden, 2010.

Weißmann, Fritz: Unternehmen steuern mit Controlling. Leitfaden und Toolbox für die Praxis. Berlin et al, 2005.

Welch, Jack/Welch, Suzy: Winning. Das ist Management. Frankfurt/Main, 2005.

Winter, Jörn: Handbuch Werbetext. Frankfurt/Main, 2004.

Wünschmann, Stefan et al: Webseiten-Gestaltung. Erfolgsfaktoren und Kontrolle. Heidelberg, 2008.

Die Autorin

Ich arbeite als freie Werbetexterin, Journalistin und Fachautorin in Innsbruck – schon seit mehr als zehn Jahren. Meine Kunden sind Unternehmen, Agenturen und Verlage in den unterschiedlichsten Größen und Branchen: vom Pharmakonzern bis zur Lustermanufaktur, vom Tourismusverband bis zum Baumeister. In A, D, CH und I.

Seit 2010 verfasse ich eBooks zu den Themen Werbetext, Marketing und Bloggen. Sie sind schlanke Ratgeber für viel beschäftigte Praktiker: kompakt, Zeit sparend, sofort umsetzbar.

Noch ein paar Fakten:

Jahrgang 1974; promovierte Betriebswirtin; Praxiserfahrung in Banken, Handel und Unternehmensberatung; Mitglied des Markenmanagement-Netzwerkes brandpi.

Mehr …

… Text- und Marketingwissen gibt's in meinem Newsletter (abonnieren auf www.textshop.biz/cat/index/sCategory/1181)

… nützliche Tipps finden Sie auch in meinem TextShop: www.textshop.biz

Fragen?

Ich bin gerne für Sie da: office@textshop.biz

3809656R00075

Printed in Germany
by Amazon Distribution
GmbH, Leipzig